霊視の人

仏事編

当代屈指の霊視者・
梨岡京美が見た
霊と仏事の真実

不二龍彦

ナチュラルスピリット

熊野那智大社に現れた観音様

熊野那智の飛瀧神社を参拝中の梨岡京美（向かって左）。同行者が携帯で撮影したものだが、写真右側に観音霊像がくっきりと浮き出ている。肉眼では樹木しかない場所だ。この写真は、筆者が高知を取材した際、熊野旅行に同行した女性から「こんな不思議な写真があるんです」と提供された。

鴻里三宝大荒神社の社務所でくつろぐ梨岡京美。

四国八十八カ所霊場の第二十四番札所・最御崎寺（本尊・虚空蔵菩薩）を参拝する梨岡。最御崎寺は室戸岬町にあり、この町の近くで少女時代を過ごした。

荒神社拝殿で参拝者にお祓いをする梨岡。

はじめに

世間的にはまったく知られていないが、飛び抜けて高い霊能力を持ち、それによって人助けの道を実践している人が、世の中にはたくさんいる。これから紹介する梨岡京美さんも、そうした人の一人だ。

これまで私は、日本の宗教家や霊能者について多くの原稿を書いてきた。かつて学研から出した『日本神人伝』や、それを大幅に改訂増補して本書の出版元から刊行した『新・日本神人伝』などがそれであり、今も雑誌で連載を継続している霊媒列伝もある。

ただ、そこで扱ってきたのは、いずれもこの分野で一定の評価が定まっている物故者で、明治・大正生まれの人が圧倒的に多い。いわば歴史的な人物だ。現に霊能者として、また神職として活動している人について書くのは、この梨岡さんが初めてだ。

なぜ京さん(本書では梨岡京美さんをこう呼ばせていただく)を書きたい、書こうと思ったのか。理由ははっきりしている。これまで私が書いてきた歴史的な霊能者と並べても遜色のない、卓越した能力があるからだ。

仕事柄、私はこれまで何人もの霊能者と接してきた。けれども、京さんは飛び抜けている。

とりわけ霊視能力はすさまじい。今そこで実地に見ているのと変わらないリアルさで、京さんは霊視する。

ただ「見える」だけではない。見て、霊と話して、その訴えを聞いて、相談者にとっても霊にとっても〝最善の救いの道〟を探りあて、そこに導いている。それら数々の、すごいとしか言いようのない実例は、以下の本文で述べることにしよう。

京さんの霊的な能力は、生まれながらのものだった。ただし、それは彼女にとって、喜ばしいことでも、誇れることでもなかった。彼女はずっとその能力を疎《うと》ましく思い、四十歳までは極力それを抑えながら生きてきた。

その人生は、きわめて過酷なものだ。

苦難は両親の離婚から始まっている。五、六歳で祖父母に引き取られたものの、育ての親である祖父母から疎まれ、否定されて育った少女時代、年に一日の休みもとれない過酷な結婚生活、父親の自殺、次から次へと襲ってくる霊障、どこの病院でも原因不明と言われ、治療の手立てが見つからなかった心身の極度の病苦、摂食障害、そんな中での三人の子育て、離婚、そしてガン――。京さんは、それら一つひとつを克服してきた。彼女の霊能開顕にとって、この日常こそが修行だった。

初めて京さんに会った人は、彼女がそれほどハードな人生を送ってきたとは、到底思えないに違いない。持って生まれた明るさと強さ、ふるさと高知の空や海のような解放的な大らかさが、彼女の性分なのだ。

もともと心霊世界に興味はなかった。できるものなら逃れたいと思ってずっと生きてきたが、向こうからすがりついてくる霊や、京さんに縄をかけて導こうとする神仏から逃れることはどうしてもできず、京さんは、ある時点で開き直ってこの道に入った。

宗教や心霊に関する知識は、白紙だった。神霊サイドが、京さんという真っ白な紙の上にさまざまな導きの文字や絵を書いていき、現場仕事の実践の積み重ねの中で、彼女は持ち前の霊能力に磨きをかけ、供養の能力を高めていった。

これからみなさんに読んでいただく梨岡京美とは、そうした女性だ。

ご先祖や家庭内の問題や霊障といったデリケートなテーマが中心になるので、実名を出してかまわないと言ってくださった一部の方以外は、すべて仮名にせざるをえなかったが、書いている内容は事実そのものであり、脚色は一切ない。

全体を二部に分けた。第一部は、私（不二龍彦）が京さんとの付き合いの中で実際に見聞したり、私自身が体験したり、関係者の取材を通して確認した京さんの半生記。

第二部は、京さん自身がどうしてもみなさんに伝えておきたいと望んだ、霊や神仏との付き合い方の聞き書きだ。

この本が、心霊問題や霊視などの心霊現象に関心を抱いている方の〝道しるべ〟になることを切に願っている。

令和三年八月

不二龍彦

霊視の人　仏事編　**目次**

第三章　驚くべき霊視・霊法のケース

第四章　「天の教科書」仕込みの問題解決力

第五章　特殊なオーラの意味や予知

第六章　「鴻里三宝大荒神社」の神職として

第二部　京さんが語る「どうしても伝えたい霊と供養のこと」

仏壇の役割と祀り方

成仏のための葬式と供養のポイント

遺骨とお墓の新常識

霊の障りのさまざまなケース

第一部

梨岡京美はいかにして霊能者となったのか

第一章　霊能力と巫病《ふびょう》の苦しみの中で

幼い頃からの霊能力で自分の未来も予見

京さんは、旧姓を池内京美という。昭和三十九年七月二十五日、大阪府港区で生まれた。父母の離婚で五、六歳の頃、弟とともに高知県室戸市羽根町に住む父方の祖父母に引き取られ、養育費はカツオ漁師だった父の送金によって賄われた。

京さんと父方祖父母との折合はきわめて悪く、つねに精神的な重圧にさいなまれながら少女時代を過ごした。祖父からも疎まれたが、祖母との関係はさらに悪く、京さんは自分という存在を否定され続けた。負けん気の強い京さんは、打たれっぱなしで引くようなことはなく、しばしば祖父母と衝突し、反抗したが、折合は年を経るごとに悪化した。

霊能力は、六歳の頃からすでにあった。身内や近隣住民の中に、なぜか肩のあたり、特に右肩の上に何人もの赤ちゃんを乗せていたり、小学生くらいの子どもや、怖い顔をした誰かを連れているのが見えていた。その意味が六歳の少女に分かるはずはなかったが、生まれながらの霊視能力は、もうはっきり現れていた。

発現したのは霊視だけではない。当時を回想して、京さんは言う。

「知らないおばさんが我が家に来た瞬間、『このおばちゃんにお金貸したらダメ』とか、口から勝手に言葉が飛び出してくるんですよ。どこかのおじさんが来たとき、父に『このおじさんにカセットデッキ貸したら戻してくれないよ』と言ったことも覚えています。

いきなりこんなことを言ったら、その場にいる者が気まずい思いをするのは当然ですよね。でも、わたしにも言葉は止められない。言葉が出るたび、祖母に凄く怒られました。

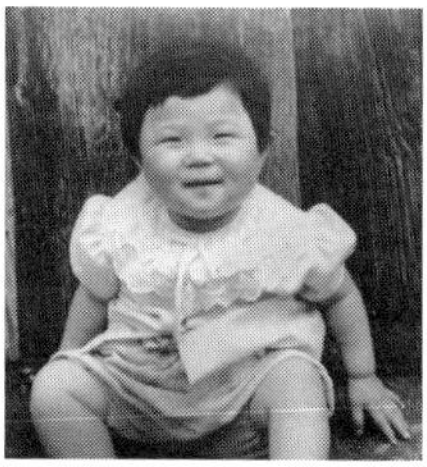

幼少期（上）と学生時代（下）の京さん。

たいがいは忘れているけれど、正夢も見ていました。小学二年生の夏、同級生の祖母が白い車にはねられる夢を見たら、翌日、そのとおりの事故があって怖い思いをしたり、讃岐の金比羅さん（香川県仲多度郡琴平町の金刀比羅宮）に行く前に、夢の中で行って、事前に長い階段とか、その場の情況が分かっていたり……」

　わけもわからず見えてくるもの、聞こえてくるもの、感じるものについて、京さんは誰に相談することもできず、不安を抱えたまま少女時代を過ごした。

　相談できないのには理由があった。池内家もふくめ、地方一帯が「神祇不拝《じんぎふはい》」の教え（仏菩薩のほかは、いかなる神も拝んではならないという教え）を堅く守り続ける浄土真宗の信徒だったため、神様事や心霊現象を受け入れる素地がまったくなかったからだ。

　祖母からは「何か憑いてる」と疎まれ、霊視で何かが見えても「仏さん（死者）がどうたら言うな」と強く釘をさされた。無理解と疎外のただ中で十代を過ごしたのである。

　一刻も早く祖父母の家から独立したい、当時の京さんはそう切望していた。高校を卒業した十八歳のとき、養豚業を営む梨岡照広さんと結婚した。この結婚について、京さんは中学一年生の時点から「わたし、この人（照広さん）と結婚することになる」と周囲に漏らしていたという。結婚後、この話を聞かされた照広さんが京さん側の親族に真偽を確認したところ、「親族からそのとおりだと教えられた」と筆者に語っている。

　この頃、霊に対する京さんの感受性は、いちだんと強くなっていた。

　結婚前、梨岡家に挨拶に行き、仏壇のご先祖に手を合わせた。それから居間の長押《なげし》に飾られている照広さんの祖父の遺影を見たとたん「首が痛い、首が痛い」と激しく悶え出し、叔母の遺影では「胸が痛い、胸が痛い」と苦しみ出した。照広さんがこう語る。

「京美が『おじいさんはどうやって亡くなった？』とか『おばさんは？』と聞くんですよ。これが一週間ほど続きました。そのときは、『こいつ、何を言っているんか？』と思って取り合わなかった。たしかに祖父は、地域の寄り合いからの帰り道で坂から転げ落ちて、首の骨を折って亡くなってます。叔母は心筋梗塞でした。

でも僕は、京美がそのことを誰かから聞いて、言い出したんだと思ってました。もともと僕は目に見えないものは信じないたちだから、霊がどうのこうのという発想はまったくなかった。でも、実際はそうではなく、京美は何も知らないのに祖父や叔母の霊に感応していたのだということが、後に分かりました」

働きづくめの過酷な日々と霊媒体質

結婚して新たな生活に入ったものの、結婚生活は試練の連続だった。

婚家の義父から「できの悪い嫁が来た」と言われながら、挙式の翌日から嫁の勤めに忙殺された。朝はまだ薄暗い四時半頃から起きだし、少ないときでも八人分の朝食を用意して送り出した。車を運転して送り迎えをするのも京さんの仕事だった。それから、義父や夫や従業員の昼食の用意にかかった。

生き物を扱う仕事だけに、休みがないのは当たり前で、梨岡家の人々はその暮らしに慣れていたが、京さんにとってはすべてが初めての体験だった。朝から晩まで働きづめの中、子どもがあいついで三人生まれたので、育児の仕事も重なった。身心を磨り減らす日々が、延々と続いた。照広さんは言う。

「最初のうちは、京美は『月に一回でいいから休みがほしい』と言っとったんです。『そんなもん、とれるか』とはねつけたら、『半年に一回でいい』となり、やがて『一年に一回でいいから』となった。結婚生活はそんな感じです。僕らにしたら、生き物を飼っているから、休みなんてハナからありえんことでした」

過酷な日々は、持ち前の負けん気とガッツでまだしのぐことができたが、彼女の意志と無関係に現れる霊視・霊聴や、すがりついてくる霊による障りだけは、対処のしようがなかった。そのことを訴えても、夫や義父からは相手にされない。かつて実家の祖母に「言うな」と釘をさされた霊の障りに関することは、梨岡家でも口にできないタブーだった。

そんな中、京さんに不思議な能力があると照広さんが思い知らされたのは、彼が家族ぐるみで付き合っていた友人の家に、初めて連れて行ったときだ。

友人の家は、母屋の先にあった。二人は母屋の前を通ったが、そのとき開け放された居間に飾られていた写真が、京さんの目に飛びこんだ。同時に、体に異変が起きた。そのときの様子を、照広さんはこう語る。

「突然、『息ができん』言うて、京美が猛烈に苦しみ出しよったんです。本当に、今にも死にそうな苦しみようで、僕の目の前で悶えている。何も話しておらんき、彼女は知らんけんど、京美が目にした写真の主いうのは、餅をのどに詰まらせて窒息死しておるんです。写真を見ただけで、その人の末期の苦しみが京美の身に移ったわけです。こういうことが、ちょくちょくありました」

このとき京さんは、このまま窒息死するのではないかと思った。けれども、「もうだめだ」と思った刹那、「まだ死ねん」という強い思いがわき起こり、そのとたん、フッと息が通った。のどをふさいでいたものが、その瞬間、すとんと落ちた感覚があり、蘇生したのだ。

梨岡照広さん。

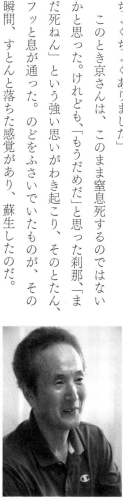

病の中での妊娠と安産を告げた謎のおばあさん

家の者に言うことはほとんどなかったが、霊視現象はしばしばあった。

たとえば自分が妊娠したときには、おなかの子が男か女か、未熟児かそうでないかなどのことが、霊視によって「全部分かった」。最初の妊娠時、京さんは腎臓を病んでおり、医者から「今は赤ちゃんはあきらめたほうがいい」と堕胎を勧められていた。

悩んでいると、見知らぬおばあさんが霊眼に映じた。おばあさんは女の赤ん坊を抱いて現れ、産んでも大丈夫だということを、映像で知らせた。一度きりではない。不安を抱いている京さんを励ますかのように、妊娠三ヶ月、五ヶ月、七ヶ月の三度にわたって現れた。

無事長女を出産したあと、池内家の祖母に、このおばあさんのことを話した。どんな姿の、どのようなおばあさんだったか話すと、祖母は手にしていたタバコを落とすほどに驚き、「なんであんた、おじいちゃんのお母さんを知ってる？　それ、おじいちゃんが五歳のときに亡くなったお母さんだよ」と教えてくれた。おばあさんの名は、類といった。

長男のときも、三番目の次女のときも、類さんが現れて、生まれる子の性別や無事に出産することなどを教えてくれた。大変だったのは次女の妊娠時だった。このときも京さんは体調を崩して入院しており、医者からは、「このまま無事に生まれるとは思わないでくれ。おなかの子には障害がある。生まれたとしても、目が見えない可能性がある」と言われ、長女のときと同じく、暗に堕ろすことを勧められた。けれどこのときも、類さんが赤ん坊を抱いて現れ、赤ん坊には何の問題もなく、出産も無事了《お》えるということを教えてくれた。

梨岡家では、胎児判別の俗信にもとづく占いで、「第三子は男の子に違いない」と話していたが、京さんは女の子だと確信していた。医師がどう言おうと、おばあさんのメッセージに従って産むと決め、無事第三子を出産した。類さんの示しのとおり、生まれたのは女児だった。

後日、ある霊媒から「あんた、そのおばあさんが守ってくれていなかったら、最初の子の出産のときに死んでたよ」と告げられた。ご先祖の類さんが、あの世から京さんを守護していたのである。

壮絶な苦しみをもたらした霊視を封印

当時の京さんはまったくの無防備で、自分を守るすべを知らなかった。

意志とは無関係に霊視や霊聴現象が現れたが、そうやってコンタクトしてくる霊の多くが苦しんで亡くなった仏さん（京さんは霊とはいわず仏さんと言う）で、妊娠出産の際に助けてくれた類さんのような霊は希だった。そのため、苦しんでいる霊の影響を、ストレートに受けっぱなしという日々が何年も続いた。

なぜそうなるのか、理由は分からないままだった。実家同様、梨岡家も熱烈な浄土真宗の信者で、心霊だの神様だのということは一切取り合ってくれなかったから、そんな環境で暮らし続けてきた京さんは、当時は霊障という言葉も知らなかった。

その頃の様子を、京さんはこう回想する。

「たとえば誰か知らない人の家に行くでしょ。もう、家を見ただけで、本当に辛いんですよ。その家の仏さんが一方的に全部わたしに来るから。自分の首が動かなくなるとか、体のどこそこに激痛が走るとか、突然苦しくなるとか。

その苦しさが半端ないんです。生活上、毎日、車を運転しなければならないのに、首が動かない。目だけ左右に動かして運転するんです。よく事故を起こさなかったと、今、振り返るとぞっとします。

で、当時はわたしが運転するのが当然だったから、そんな危険な状態でも必死にハンドルにしがみついていました。当時のわたしの体は、バリバリに固まって冷凍室に入ったみたいな感じ。とにかくしんどい。痛くて苦しくて、座って食事もできない……」

病院にも行ったが、気休めにすらならなかった。看護師をしている友人に相談すると、「医者でだめなら霊媒に相談したら」と言われ、照広さんには内緒で、長女をおんぶして奈半利《なばり》町に住む老霊媒の家に連れて行ってもらった。それが二十二歳のときだった。

お婆さん霊媒は、京さんを見るなり、「あんた、なぜ結婚した?」と詰問口調で言った。

「恋愛して結婚したんです」と答えると、お婆さんが言った。

「あんたは結婚すべきじゃなかった。あんたはこちらの世界で人助けせないかん人だ。けど、今、あんたがこの道に入ったら家庭が崩壊する。仕方がない。四十歳になるまで封印しておく。あんたは四十からこちらの世界に入りなさい」

お婆さんは京さんに後ろ向きになるように言い、背後で三十分ほど〝何か〟をやってくれた。その後、「これだったら大丈夫じゃろ」と言われ、半信半疑で家に戻った。

不思議なことに、この日を境に京さんは霊視現象から解放された。今まで一方的に見せられていた霊たちの姿が、ほとんど見えなくなった。けれども霊の障りは違った。体にくる負担は半分ほどに軽減されたが、依然として残っていた。

心身が限界寸前になり、食に異変が

二十五歳になった頃、今度は食に異変が起きた。

「いきなり肉を受け付けなくなったんです。食べると吐く。体が肉を拒絶する。あちこち病院で診てもらいました。でも、さっぱり原因が分からない。あるお医者さんには『気のせい』とまで言われました。こんなの診断でもなんでもない。

当時のわたしは、自分の頭は大丈夫だろうかって、恐怖でした。神経が狂う手前で、もう身も心もズタズタ。結婚前はバリバリの体育会系で、すごく健康だったんです。それが結婚してから、こうなった」

照広さんも、こう回想する。

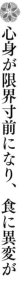

「彼女は『食べられない』と訴えるんです。でも重労働だから、食わんでは体がもたない。だから当時は『無理にでも食え』と強く言ってました。肉を食うと、京美の全身にわっと蕁麻疹が出るんですよ。ただ、当時の僕は、京美は好き嫌いを言って食わんのじゃくらいに思っていました。

ある病院に行って帰ってきたときは、『医者から、あんたは日に当たったらアカン。草木のあるとこで暮らしてもアカンと言われた』と。職場が山の上にある養豚場なのに、『日に当たるな』『草木はダメ』なんて話にならんじゃき、『ふざけんなよ』と怒りました」

病院に行ってもラチがあかない。鍼灸治療を受けたり、地元で知られた霊能者に相談したり、霊験があると評判の行者や神主に観てもらったが、改善することはなかった。

「僕が霊だの何だのを否定するもんじゃやき、僕にはそういう話は一切せんで、いろんなとこに観てもらいに行きよったらしいです。霊能者から、動物霊が憑いちゅうじゃ、先祖の供養が足らんだじゃ、いろんなことを言われたと、あとで言っていました。奈半利のおばあさんのことも、後日、京美から聞かされたんです」

いつ抜け出せるか見当もつかない暗闇の中で、京さんは妻として、子を持つ母として、養豚場の経営を支える裏方として、馬車馬のように働き通した。

自殺した父の火の玉による励まし

三十三歳のときには、実父を亡くしている。自殺だった。

「父はやさしいけれど気の弱い、人に嫌と言えない人でした。離婚して大阪を引き払ったあとは、高知に戻ってカツオ船に乗っていたんですが、精神的に母親から自立できなくてね。母親は気性のきつい人でしたから。

父は離婚してから人生が狂ったんでしょうね。孤独をまぎらわすために酒に溺れました。二度自殺未遂を企て、三度目にとうとう自ら命を絶ちました。平成十年のことです。

わたしは自分自身が身心ともにぎりぎりの状態だったので、とても父のことまで気を回す余裕はなかった。車ならすぐそこという実家にも帰らせてもらえず、お盆も正月も梨岡家にいたので、父の様子もほとんど知りません。そんな状態で、父は亡くなりました」

翌年の送り盆のとき、父の実の妹とともに、室戸の坂本海岸で灯籠と父が使っていた布団を燃やした。このとき、火の中から「いきなり黄色い火の玉がボンと上がった」。見えたのは京さんだけだったが、それを見て「お父ちゃんは成仏した」と直感した。

父の妹に、「おばちゃん、お父ちゃん帰ったわ」と言うと叔母は泣き出し、「兄ちゃんも苦労したけど、これだけ供養してあげたから喜んで行ったんやろね」と答えた。

ずっと心につかえていた父の自殺だったが、父の魂である火の玉が天に昇るのを見て、京さんの心も軽くなった。「俺は行くべきところに行くから、おまえもしっかりやれよ」と知らせるために、父は火の玉を見せたのかも知れない。

十八歳で結婚して三人の子を育て、霊の障りによる身心の猛烈な不調に耐えながら、京さんは三十代を過ごした。当初は「できの悪い嫁」と言っていた義父も次第に京さんを認めて頼るようになり、関係は良好なものに変わった。義父に教えられることもたくさんあった。日々の仕事に忙殺されて、四十までは霊視を封じておくと奈半利の老霊媒に言われたことを、京さんはすっかり忘れていた。そうして、四十代を迎えたのである。

四十歳から再び現れた霊能力

四十歳になったある日、霊視が突然再発した。

京さんは娘に空手を習わせていた。義父からは反対されていたが、いざというとき、自分で自分の身を守る気持ちを育てるためにも必要だといって譲らなかった。

その日、京さんは、娘の空手仲間の同級生のお母さんと一緒の車で、岡山の大会に出かけた。その車中で、突然、封印されていたはずの霊視現象が現れた。

友人の実家や間取り、仏壇の様子などの映像が次から次へと見えてきて、言いたくもない言葉が勝手に溢れ出した。困って抑えようとしたが、抑えられるものではなかった。

「あんたの実家の仏壇の灯明、電気切れてるやん。お鈴《りん》の音、なんでこんなに悪いの?」

京さんは自分の意志とは無関係に、機関銃のようにしゃべりまくった。

友人の実家の間取りなど、その家に行ったことのない京さんには、知りようがない。友人もそれは分かっている。ましてや灯明が、ロウソクではなく電気式だなどということは、分かるはずもない。にもかかわらず、京さんの霊視は実家の様子とぴったり合致していた。

友人は驚き、実家の母親に電話して灯明やお鈴について尋ねた。

「そんなことはない」、電話の向こうで、友人の母は即座に否定した。けれどもその後、気になって仏壇を調べた。するとたしかに灯明の電気が切れており、お鈴は底が錆びて鳴りが悪くなっていた。

友人の先祖霊が、京さんを介して注意をうながしてきたと理解できるようになったのは後日のことで、この時点では何が起こったのか、京さん自身には分からなかった。

このときの現象を境に、それまで封印されていた霊能力が、まるで炭酸飲料のフタを一気に開けたときのように噴き出し始めた。けれどもそれは、少しも嬉しいことではなかった。二十代の頃に悩まされ続けた霊の障りが、またしても京さんを激しく襲うようになったからである。

四十歳からの三、四年間は「身心が最も辛かった時期」だったと京さんは述懐する。神仏に仕えるための本格的な試練が、四十歳を境に強制的に始められたのである。

「わたしには見えないものが見えるとか、仏さんの声が聞けるといった話が口づたえで広まって、次から次へと相談が押し寄せるようになったんです。断るのは気の毒だから、相談に乗る。でも、会っただけで、その人が背負っている〝負のもの〟が全部こっちに来るんですよ。

その頃のわたしは、負を引き寄せる磁石みたいなものです。『ああ最悪、この人また仏さん連れて来てる』と内心思いながら話を聞き、相談に乗っていました。わたし自身はできるものなら一切関わりたくないし、見たくもなかった。でも、関わるしかなかったんです」

この時期の様子を、照広さんはこう振りかえっている。

「それまでは良妻賢母で、ええ女性やったんやけど、封印が解けると言われた四十過ぎからは、人の相談受けたり何なりして、僕から見たらイケイケドンドンで困りました。『おまえ、この忙しいときにボランティアであっち行き、こっち行きされても困る』とずいぶん文句を言いました。でも、止まらなかった」

道を決めたとたん、おさまった霊障

喜んで心霊問題のボランティアをしていたわけではない。彼女自身も、自分の意志とは無関係にさまざまなビジョンを見させられ、動かされて苦しんでいた。

次から次へと押し寄せてくる「負のもの」や、それが原因でかぶさってくる障りから逃れたい一心で、神社や寺、霊媒、修験者などのもとにも訪れた。行者に連れられて、西日本では最高峰の霊場として知られる石鎚山にも数日がかりで詣でた。

そのとき、霊視の利くある行者から、「あんた、どれだけ仏さんをつけてるのや」と呆れられた。それだけ数多くの霊が彼女にまとわりついており、そのせいで、わずか階段一段分の高さに足を上げることもできないほど体がガチガチに硬直していて、猛烈な苦痛にさいなまれた。

「医者に行ってもどうにもならないので、霊の問題を専門にしている人たちに会っては、なぜこんなことになっているのか、これは何なのか、どうすればこの痛みや苦しみから抜け出せられるのか尋ねてまわりました。でも、どこに行っても何をやってもダメ。納得のいく答えは、誰からももらえなかった。

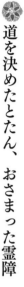

そのうちまともに動けなくなるまでに悪化して、このまま死ぬのかと切羽詰まった最後の最後に、ふと、『ああ、もう最悪。しゃあない。もうこの道に入るわ』と言ったんです。無意識に言葉が出て、そうしたら、不思議なことにぴたっと痛みが止まりました」

霊能者で生きるつもりは、京さんにはまったくなかった。やりたいと思っていることが、ほかにあった。独立して自力で生きていくために、ツテのある化粧品のセールスをやろうとも考えたし、居酒屋をやろうかとも考えた。梨岡家から独立したいという、強い思いがあった。

けれども、いざその方向に進もうとすると、必ず何らかの障害が入り、先に進むことができなくなった。神仏に縄をかけられたら、神仏が求める方向に進んでいく以外、道はない。大本の出口ナオ、天理教の中山ミキ、天照皇太神宮の北村サヨ、女性禅師の油井真砂、キリスト者の古屋登世子など、過去の傑出した女教祖や霊能者は、みなそうした体験を経ている。

いわゆる「巫病」を例外なく体験し、さんざん抵抗した末に、どうしても受け入れざるを得なくなって神仏を受け入れているのだ。

「しゃあない。もうこの道に入るわ」と腹をくくった瞬間、京さんの道が定まった。

第二章　封印が解けた霊能力

主婦と霊能者の二足のワラジがスタート

心霊のことや神仏のことに関して、京さんは赤ん坊と同じくらい、何も知らなかった。仏教に関しては、浄土真宗を通じて多少の知識があったが、真言宗や天台宗になると何のことやら分からず、神道の知識に至っては限りなくゼロに近かった。

少女時代を過ごした室戸の祖父母は浄土真宗一筋で、宗門の教えである神祇不拝をかたくなに守り、初詣にすら行くことはなかった。その影響で、京さんも神社とは無縁のままに育ち、結婚後もそれが続いた。

梨岡家でたまたま神社のことや神棚のことを口にすると、「たわけたアホが」と、義父や夫から即座に否定された。話題そのものが、タブーだった。そのため四十歳になっても、京さんは「天照大神《あまてらすおおみかみ》」すら知らなかった。ほぼ完璧な「白紙」の状態で、京さんは未知の神霊の世界に足を踏み入れたのである。

そんな彼女を導くように、さまざまなご縁が、次から次へと結ばれ始めた。そのひとつが、素戔嗚尊《すさのおのみこと》との結縁だった。日本の神々と京さんの関わりについては続刊で詳しく書く予定なので、ここでは四十歳で素戔嗚尊とのご縁が結ばれたことのみを記しておこう。

そのきっかけとなったのが、高知市の南はりまや町で理髪店を営む竹田美津子さんとの出会いだった。

京さんの霊視ファイル１◆竹田美津子さんのケース
成仏を阻んでいた亡くなった夫への強い想い

美津子さんは、理髪店のお客さんから京さんの話を聞いた。何でもずばずばと見透す霊能者がいると聞き、一度お会いして相談したいと仲介を依頼した。京さんに連絡が行き、理髪店が休みの月曜日に京さんのほうから尋ねることになった。

約束の前日、京さんの家に、スポーツ刈りで水色の理髪師の服を着た男性が現れた。

美津子さんの旦那さんで、きれいな爪が印象に残った。

「明日よろしくお願いします」と挨拶すると、その男性は消えた。肉体をほんのつかの間離れた相談者の霊が、事前に挨拶に現れたのだろうと、そのときはそう思った。

翌日、理髪店を訪れると、美津子さん一人が出迎えた。おやっとは思ったが、旦那さんは二階にいて、あとで下りてくるのだろうと考え、美津子さんからの相談を受けていた。ところがいつまでたっても旦那が下りてこない。しびれをきらして、「旦那さんも呼んでください」と催促した。すると、美津子さんが目を丸くして驚いた。以下、美津子さん本人の言葉を引く。

「梨岡先生が、『旦那さんを呼んでください』と言うので、『はあっ?』となって、『主人ならもう十七回忌もすませました』と答えたがです。すると先生もびっくりして、『昨夜、旦那さんがうちに挨拶にみえましたよ。てっきり生きている方だと思っていたので』と。

それからいろいろと主人の話になって、そのうち先生が、『旦那さん、成仏できていませんよ』と。わたしは年忌法要はもちろん、朝晩仏壇に手を合わせて話しかけ、供養を欠かしていないし、五年かけて八十八箇所の巡礼もしました。成仏していないなんて、とても信じられんがです。でも、先生は『成仏できていない』と断言されてね」

京さんの霊視は、リアルそのものだ。姿かたちや色彩や質感、温感に至るまで、現実のものとまったく変わりがない。そのため、仏さんを生きている人と錯覚して会話するケースもよくあった。このときもそれで、当初、京さんは美津子さんの旦那さんを生きている人と確信していた。ところがそうでないことを知り、京さんの中で何かのスイッチが無意識に切り替わった。霊視が、唐突に始まったのである。

話している最中、旦那さんの実家の様子や仏さんの様子がありありと浮かんできた。見えたままを、京さんは美津子さんに話していった。美津子さんが回想する。

「先生が、旦那さんの実家の様子はこれこれで、家の前に大きな渋柿の木がありますねとおっしゃるんです。『そうです、そうです。毎年、干し柿作ってました』と言うと、『旦那さん、柿が食べたいと言ってます』と。これでまた驚きました。

ちょうど主人の実家から収穫した渋柿が送

京さんと竹田美津子さん（左）。

られてきていて、干し柿を作ってたんですよ。ところが不思議なことに、二個だけどうしても干し柿にならず、熟したままなんです。主人は、この完熟した柿が好きやったから、柿いうのはこの二個のことやとすぐ分かりました。

それで早速、仏壇にお供えしました。仏さんが食べることになっていたから、二個だけいつまでたっても干し柿にならんかったんやね。一緒に干した他の柿はぜんぶ水気が抜けて縮んで固くなっていたから、わたしも不思議に思うてたんです。先生の霊視、一〇〇%どころじゃない。二〇〇%くらい、全部おうてました」

なぜ成仏していないかの理由を、京さんは美津子さんに教えた。

「供養は感心するほど、きちんとやっています。ただ、旦那さんに対する美津子さんの思いがあまりに強すぎる。『こんなとき、お父さんがいてくれたら』とか、仏壇に向かって悩みや苦しみを訴えたり、ときには涙を流すなどを続けてきたから、旦那さんはあなたが気がかりで、心配で、行くところに行けずにいるんですよ」

京さんは美津子さんに供養の仕方を教えて帰宅した。その夜、いつものように照広さんを車で迎えに行った。帰り道の坂の途中で、いきなり美津子さんの旦那さんが現れた。十一時半頃だった。笠をかぶり、杖を突き、手には鈴を持った四国お遍路の姿だった。

「ありがとうございます。今から行きます」

旦那さんの霊はそう告げ、鈴を三回鳴らして、フッとかき消えた。ああ、成仏したんだと確信し、すぐ美津子さんに電話しようと思ったが、深夜の電話は迷惑だと思い、翌朝かけることにした。再び美津子さんの証言を引く。

「夜、先生に教えられたとおり『般若心経』をあげて拝んでいたら、後ろで鈴が三回鳴ったがです。はっきり聞こえました。その音色が、お遍路のときの鈴の音色とおんなじやった。すると翌朝、先生から電話があって、主人が先生のとこに旅立ちの挨拶に行ったいう話を聞きました。その主人が現れた時間と、わたしに鈴の音で知らせがあった時間が同じやったです。ほんとにうれしゅうてね、涙が出ました。

先生はわたしが何も言わんでも、仏さんや神さんを通じて教えてくれるんです。たとえばお盆のとき、わたしはずっと自分の里におそうめんとかの供物を送って、陰膳据えてもらっていました。でもある年、もうええか、もうせんとこと思ったら、すぐ先生から電話がかかってきてね。『お母さんが出とるよ。お母さん、おそうめん食べたいと言っとるよ』と。わたしが、もう送るのはやめようと思ったとたん、先生を通じて母が陰膳を続けてくれと言ってきたんです」

京さんによると、このときは見知らぬ小柄な老夫婦が唐突に現れた。初めて会う仏さんだったが、竹田さんの両親だと直感し、「竹田さんの親御さんですね？」と尋ねると、お母さんがうなずき、「そうめんを食べたいです」と言った。竹田さんの実家も霊視された。濡れ縁には、ナスやキュウリに足をつけた精霊馬《しょうりょうま》の供物が置かれている情景だった。

さっそく美津子さんに電話をして、お母さんからの言づてを伝えた。美津子さんは驚き、感動した。美津子さんが言う。

美津子さんが守り続けている素戔嗚尊の小祠がある「八坂神社」。

「ずっと続けてきた陰膳ですが、もうせんとこと思ったのは、陰膳してもあの世に届いているのかいないのか分からんやったからです。でも、わたしがそう思ったとたん、母が陰膳続けてくれと伝えてきた。母が、おまえの供物はちゃんとこっちに届いとるよと教えてくれたんです。ほんとに嬉しかった。それで、陰膳続けさせてもらおうと考え直したがです。先生のおかげです」

美津子さんは、地元で素戔嗚尊の小祠を守り続けてきた方だ。京さんは竹田さんとのご縁から素戔嗚尊とのご縁が結ばれ、その後、数々の目に見えない導きをこうむることとなるのである。

秀でた霊能力者・末富住職との出会い

こうした出会いは、その後も連続した。彼女の霊能力に注目する人たちが、まるで用意されていたかのように次々と現れ、彼女の世界を急速に広めていった。中でも、特筆すべき人物となったのが、安芸郡芸西村《あきぐんげいせいむら》の長谷《ながたに》地蔵尊の住職、末富教海《すえとみきょうかい》師だ。

京さんが末富住職と出会ったのは平成二十年、四十四歳のときだ。

養豚場の経理を任されていた京さんは、よく車であちこち走り回った。そんな折り、たまたま実印や銀行印などをそっくり入れてたカバンがなくなった。いくら探しても見つからず、失せ物に関する霊視もなかった。

困り果てて友人の明子さん（仮名）に相談したところ、明子さんから、失せ物に霊験あらたかなお地蔵さんが自分の住んでいる町にあると教えられ、彼女の案内で長谷地蔵尊に行った。この明子さんからも、私は話を伺っている。

当初はお地蔵さんに祈願する目的で長谷地蔵尊に行った京さんだが、明子さんによると、境内に入ったとたん「ここにすごい先生がおるで」と、唐突に言い出したというのだ。

住職は留守だった。「どこに行ったんでしょうね？」、明子さんが何気なく口にすると、「病院に行ってるわ」と、知っているはずのない京さんが答えた。境内に入ってほどなく、霊視が勝手に始まったのだ。

そのまま二人は本堂の本尊にお参りした。そのとき突然、地蔵尊の上半身がくっきりと京さんの眼前に現れた。高さ百三十センチ、幅一メートルほどのお姿で、茶色と朱色を混ぜたような肌の色をしており、神々しい威厳が漂っている。地蔵尊の目が人間の目と同じようだったことが、強く印象に残った。

その地蔵尊が、京さんに「カバンは出てくる」とはっきり告げた。それを聞いて、京さんは安堵の胸を撫で下ろした。事実、カバンは二週間後に戻ってきた。

話を長谷地蔵尊に戻そう。

当初の予定にはなかったが、京さんは「住職に会っておこう」と決めていた。住職が寺に戻るまでまだ時間があることは霊視の時点で分かっていたので、二人は近くの喫茶店で

安芸郡芸西村に鎮座する長谷地蔵尊。霊験あらたかなお地蔵様として信仰を集めている。

祭礼の神輿の扉に現れた、長谷地蔵尊の心霊写真。何もない扉の板の部分に、影向したご本尊の御姿がはっきり写っている。京さんもこの地蔵を霊視している。

昼食をとった。するとほどなく、住職が戻ってきたことが分かった。

「あっ、先生が帰ってきた。行こうか」、明子さんを促し、京さんは再び寺に行った。寺で掃除をしていた女性から予約の有無を聞かれ、「ありません」と答えると、「予約なしは困ります」と拒まれたが、「いや、困らないから」といって、ズカズカと寺に入りこんだ。京さんの意思というより、京さんを住職と引き合わせるためにカバンを隠してここまで引っ張ってきた神霊が、彼女を強引に寺に入れたのである。

住職は着替えの最中だった。ゆうに一〇〇キロはありそうな大柄の男性で、威圧感があった。その住職が、いきなり部屋に入って来た二人を見て、「なんだ、あんたらは」と不審顔で詰問した。カバンの件や霊視された地蔵尊のことを説明すると、「はあ？　また変なのが来たな」と、あきれたようにつぶやいた。

初対面のときのことを、末富住職はこう回想する。

「いきなりやって来て、ご本尊を霊視しただの何だのと言い出したんで、またかと思いました。よく来るんですよ。『わたし見えます』と言って。でも、大半は精神系の病気（統合失調症など）で幻視や幻聴が出ているだけなんだ。本当の霊視や霊聴の能力があるという人は、めったにいない」

末富住職自身、霊視が利く。目をつぶって『観音経秘鍵《ひけん》』などの経文を唱えていると、神仏や眷属の姿がありありと見えるといい、心霊現象もふんだんに体験してきた。

「この子も精神系の病だろうと、最初は思いました。でも、話を聞いていると、どうもそうではない。ここに来て『お地蔵さんの導きがあった』と言うから、どんなお姿だったか尋ねました。そしたら話の内容も、見え方も、自分がここでお祀りしているお地蔵さんとぴったり同じだった。私もご本尊の霊のお姿を見せていただいたことがあるから、本当かどうか分かるんです。『今も見えるか？』と聞くと、『見えます』と言って詳しく話すんだが、まさしく長谷地蔵尊なんです」

二人をとりもった先代住職の霊

当初はとりあわなかった住職だが、話しているうちに「この子は精神系の病ではない」と考えを改めた。決め手となったのは、長谷地蔵尊の先代住職だった。京さんが語る。

「住職先生とお会いして挨拶し、話をしている最中に、また霊視が始まりました。部屋の障子のところに紫色の僧衣がハンガーで吊されていたんですが、その僧衣の持ち主の霊が、突然出てきたんです。頭がジャガイモのようで、顔面にはいっぱいシミがある。首に白いマフラーみたいなものを巻いていて、生きている人と変わらない。リアルそのもの。

その方が、『数珠とか着物をこの人（末富住職）にあげた』と言うので、それをそのまま先生に伝えました。すると、『なんであんた知ってんだよ』と驚かれた。

最初は、誰かから聞いたのではと思われたみたいです。でも、先生が高知の人ではなく、県外からこの寺に来たこととか、さっきまで病院に行っていたこと、僧衣のことなど、霊視の内容を次々と話すものだから、わたしが見えていると納得してくださって。『今、あんたに話しかけたのは先代住職だよ。わしはその住職から寺を引き継いだ。白いマフラーというのはマフラーじゃない。帽子《ぼうし》というんだ』と教えてくれました」

帽子は牟子《ぼうし》とも書く。白羽二重《はぶたえ》などの布地を輪状に縫い合わせて首にかける僧侶の装束の一種で、親鸞上人の画像にも描かれている。先代住職は、その帽子を首にかけて、京さんの前に現れ、住職との間をとりもってくれたのだ。

末富住職は京さんの霊能力を認め、地蔵尊の霊示もホンモノだと認めた。住職が言う。

「通常、大きな神様や仏様ほどしゃべらないいし、御霊示もない。姿も現さない。霊示を受けたなどという精神系の病の人や自称霊能者がたくさんおるが、その霊示を出しているのは四つ足などの眷属霊や下級霊です。地蔵尊がじかにしゃべるというのは、めったにあることではないんです。

でも、この子はまちがいなく見えているし、聞こえている。それで、ああ、この子は精神系の病じゃなくてホンモノなんだと分かりました。わしらの世界では、行者や坊さんらを合わせて、『見える』のは女で千人に一人、男なら一万人に一人と言われております。それくらい少ない。でも、梨岡先生はその一人でした」

このとき住職は、京さんの顔を見て「あんたは九州の顔や」と断言したという。

京さんは大阪生まれの高知育ちだったから、「いえ、わたしは大阪の子で、九州ではありません」と即座に否定した。けれども住職は見立てを変えず、「調べてみいや」と促した。気になって調べたところ、父と離婚して大阪で暮らしていた実母が竹永姓で、先祖はまさしく九州の大分県臼杵市諏訪の出身だった。

修行をせずして身につけた多くの霊法

末富住職との出会いによって、京さんは多くの霊法を身につけた。

たとえば、九字《くじ》や結界法《けっかい》などは、住職から教えてもらったと京さんは言う。ただし、住職のもとで密教や修験などの修行をしたわけではない。住職はこう言う。

「梨岡先生とは、聞かれたら、わしの知っていることはすべて教えるという形でやってきました。同じことを教えても、できる者《もん》とできん者がいるんです。いくら本を読み、修行をしたって、できん者はできん。

ところがこの人は、こうやるんだと教えただけでできてしまう。元々その力を生まれながらに持っていたから、教えただけで結界をパンパン張れるんです。並の行者は、血のにじむような修行をして、ようやく張れるようになるんだが、生まれ持った才能のある天才は、いともたやすく張ります。梨岡先生はその部類です。

だからわしは、この人には『修行する必要はない』と言っている。わしらのような凡人は、しなきゃだめだがね」

京さんがどのように霊術を使っているのかをよく表しているのが、住職の話に出た結界だ。結界は、一定の区画に魔障が侵入してこないようにするための「辟除結護《へきじょけつご》の法」を言う。密教では、修法道場や修法壇をまず最初に結界してから修法に臨むが、結界に際して用いられるのは主に「印」と「真言」だ。

けれども京さんの結界は、それとはまったく異なる。彼女は、目に見えない結界を、自らの手で実際にその場に張っていくのである。

これは筆者も初めて聞いた極めて特殊な結界法で、霊視の利く者のほかは真似ができない。その方法は、以下のようなものだ。

見えない縄を巻く「京さんの結界法」

京さんは、印も真言も用いずに結界を張る。彼女の説明を聞こう。

「地鎮とか建墓とかの際、区画の四方にまず榊や竹を立てます。その榊や竹の下のほうから、上に向けてぐるぐると〝縄〟を巻きつけていき、四方を結んでいくんです。縄といっても、実際の縄ではないですよ。普通の人には見えない〝気の縄〟です。

この縄を張り巡らすことで、その区画の土地が結界されます。結界された場には、透明なバリアのようなものが実際に作られます。わたしは肉眼で、それがはっきり見えています」

こうやるのだと言って、京さんが実演してくれた。指先をぐるぐると回しながら、榊なり竹なりの下部から上部に向けて、目に見えない縄を巻きつけていくのだ。

「依頼を受けて結界した場所があるんです。数年後、依頼者から別の相談事を受けてそこに行ったところ、結界がそのまま残っていました。それを見て、以前張ったことを思い出しました。それまで、結界を張ったことをすっかり忘れていたんです。

その後、住職に会ったとき、『結界、どうだった?』と聞かれたので、『全然壊れてなかったわ』と答えたら、『それが正解なんだよ。あんたは力があるから』と言われました」

また、こんなこともあった。

「四万十《しまんと》市で地鎮祭をやったときも、まず結界から始めました。その最中、ふと見ると、神様がその場に来られて地鎮祭をながめているんですよ。金比羅《こんぴら》さんでした。なんで金比羅さんがここにおられるんだろうと不思議に思い、依頼主に『今、金比羅さんが来られているんだけど、近くに金比羅さんをお祀りしているところはありますか?』と尋ねました。

依頼主が驚いて、『えー、そうなんですか。あります。わたし、ずっとその金比羅さんでお掃除させてもらってます』と。その方は金比羅さんのお社の奉仕者だったんです。そんなことは知らないから、へーっ、神様が見守りに来られたんだと強く印象に残りました」

具体的に結界そのものが見える京さんは、形式的な地鎮祭には否定的だ。

「地鎮祭そのものはとても大切な祭祀で、家などを建てるときは必ずやるべきものです。ただ、よく見られる地鎮祭は、わたしにはただのパフォーマンスにしか見えません。なぜかというと、地鎮祭をしたらそこに結界が作られていなければならないのに、肝心の結界が見当たらないからです。

結界は、そこに張られていたらはっきり見えるもので、そのように張られて始めて、地鎮の働きが生まれます。パフォーマンスの地鎮祭では、地鎮の働きが期待できないんです」

霊視の封印が解かれて以降、京さんは見える力に加えて、霊視した問題点をいかに処理すればよいかの対処法をどんどん身につけていった。

先に書いた結界もそうだが、京さんがよく祓いや浄化などのシーンで使っている九字法もそれだった。住職から、「梨岡先生よ、あんたもう九字使えるから」と言われたが、その時点では九字が何なのかも知らなかった。

「教えるから使ってみぃ」と住職が言うので教えを受けたら、それだけで九字が使えるようになった。これはまったく希なことだ。

住職が、「梨岡先生はただ教えただけでできる。修行は必要ない」と言っていたとおり、京さんは宗教的な修行はしていない。現場に行って霊視し、その場で浮かんだ対処法によって問題を解決していくこと自体が修行であり、このスタイルが自然と獲得されていったのだ。具体的な例を、次の章で紹介していこう。

末富住職が語る「京さんの前世」

京さんの前世について、住職は「あんたは九州の霊能者の流れのひとつだ」と言い、先祖は、はるか古代、宇佐あたりで女ばかりで構成されている霊媒の集団に属していたはずだと霊視した。

後日、京さんは住職らに導かれて宇佐や高千穂などの霊跡を巡り、数々の神霊とご縁を結んでいるが、その際も先祖の霊能者にかかわる記録の一端を、宇佐の大分県立歴史博物館で見たという。

住職を取材し、話を聞いていると、住職の言う霊媒集団とは、どうも豊国《とよのくに》（大分県と福

岡県東部一帯にあった古代九州北東部の国名）で活動していた豊国奇巫《とよのくにのあやしきかんなぎ》や豊国法師のことを言っているらしい。会話の中に、そのあたりの地名が次々と出てくる。

ただし、住職や京さんは、豊国奇巫らについては何ら知識はもっていない。もっぱら霊視霊感によって得られた情報を語るだけだが、その内容が不思議に現実とリンクしているのだ。

豊国奇巫や豊国法師と呼ばれた巫者は、もともとは原始八幡信仰の担い手だった。その彼らが仏教の伝来後、仏僧化した。呪的な医療関係の巫術に優れ、仏教や道教系の術法を駆使したらしく、『日本書紀』には用明天皇の治病のために、豊国法師を九州から呼び寄せた記録もある。

豊国の仏教系呪術者集団については資料がほとんどなく、実体は謎に包まれており、住職の霊視を裏付けるものは、まだ筆者には見出せていない。ただ、豊国奇巫らのルーツである豊前国の古族・辛嶋《からしま》氏は、朝鮮との関わりが深く、系図によれば、祖神は素盞嗚尊とされている。

素盞嗚尊と京さんには間違いなく深いつながりがあり、めったに霊現することのないこの大神が、何度も京さんに霊姿を見せ、言葉を与えているのである。

第三章　驚くべき霊視・霊法のケース

驚異の能力で根深い問題を解決

京さんの霊能力は、問題を解決してもらった人の口コミで広まっていったが、当初は高知市内の知人からの頼まれ事が中心だった。彼女自身は自分の霊能力について話すことは一切しなかった。

そのため、居住地の近辺や室戸方面で京さんの霊能力を知っている人はほとんどいなかったが、問題を解決してもらった人々の口コミだけで、評判は近畿、関東、北海道というように広まっていった。

高知県の東部で夫と農業を営んでいる伊藤智子さん（仮名）もそうした口コミが縁で、京さんの存在を知った。

京さんの霊視ファイル2◆伊藤智子さん（仮名）のケース

土壌の悩みの対処法と日の目を見た大黒天

伊藤さん夫妻は、長年農地の「シルさ」に悩んでいた。「シルい」とは高知県東部の方言で、水を多く含んですぐドロドロにぬかるむような、粘土質の土壌をいう。伊藤さんはそうした土地で先祖の代から苦労を重ねながら作物を作っていたが、とりわけ収穫物を手押し車に乗せて運ぶのが恒例の大仕事で、普通に押したくらいでは車輪がぬかるみに沈みこんで、びくとも動かない。

旦那さんはこの作業が原因で、ついに腰を痛めた。そんな折り、京さんと知り合い、なんとかならないかと相談した。

そのときのやりとりを、智子さんが回想する。

「先生が『大豆をフライパンで炒って、それを土地の四隅に置くように』と言うんです。意味の分からんアドバイスやけど、信頼している先生の言うことだからと、さっそく言われたとおりにやってみました。そしたら驚いたことに、土壌が変わったんですよ。その年と翌年の二回やっただけで、土地のシルさがなくなりました。もう、びっくりです」

仏壇のご先祖さんを供養してもらったときには、それまで忘れられていた伊藤家の大黒天が、京さんによって表に引き出されている。

「ご先祖さんの供養が終わったとき、先生からいきなり『智ちゃん、この家に七福神の神様おられるよ。出して』と言われました。旦那もわたしも心あたりが全然ない。でも先生が言うんだからと夫婦で探し回ったら、ほんとに台所の上の棚の奥のほうにありました。もう真っ黒に煤けて、パッと見には何が何だか分からないお像です。旦那も知らなかったんで、たぶんご先祖さんが祀っていたんでしょう。

その大黒天様を見て、先生が『智ちゃん、枡持ってきて』と言うんです。『えー、枡？ないかも知れんき』と答えると、即座に『納屋にあるき』って。先生はもちろん、うちの納屋になんか入ったことないし、知ってるはずはないんです。わたしらでさえ、納屋に枡があるかどうか知らない。でも先生があると言うんだからと、旦那が納屋に行って探したら、ほんとにありました」

枡を手渡すと、京さんは枡の下に榊を敷き、その上に大黒天を安置して、神棚にお祀りした。それからしばらくたって、智子さんは不思議な現象に気がついた。

「この大黒天様が不思議なんです。先生にお祀りしてもらったのはもう十年も前のことなのに、榊は形が崩れることもなく入れたときのまま。しかも真っ黒に煤けていた大黒様が、わたしら何もしていないのにだんだん体の色が変わってきて、今はきれいな赤っぽい色に変わっているんです」

智子さんが求めなくても、京さんからアドバイスが来ることもある。

「年の始めに『智ちゃん、ナスにちょっと黄色い葉っぱが見えるき、今年は気をつけとって』とか、こちらが何を聞かなくても教えてくれます。まだ植える前に、先生が霊視で畑を見てくれているんです。

畑仕事にかかる前に教えてくれるから、事前に病害虫の対策とかができる。ありがたいですよ。でも、先生は覚えていない。『えーっ、わたしそんなこと言うた？』『先生、言うてくれたで』『へー』って（笑）」

京さんの霊視は、仏さんが相手のときだけに現れるのではない。智子さんのケースでは、新年のナスの生育状態が予見されたが、水田が霊視されたケースも何度もある。

仏さん関係の相談で訪れた人と話している最中のことだ。ふと相談者の水田に、鮮やかなショッキングピンクの卵の塊のようなものがたくさんあるのが見えた。何かは判らなかったが、とにかく情景を伝えると、相談者は驚いて「すぐ駆除しなければ」と言った。
「何？」と京さんが尋ねると、「それ、稲を食い荒らすタニシの卵ですよ。放っておくとすごい勢いで増えて、稲がみんなダメになる」と彼は答え、ただちに対策の手を打った。この一件で、京さんは特に西日本一帯の稲作農家を脅かしている外来種のジャンボタニシと、その猛烈な食害を初めて知った。

その後も、別の相談者の田んぼにある卵を霊視したり、孵化して黒い粒のように見えるジャンボタニシの稚貝が群がるさまを霊視し、そのつど繁殖前に注意を与えた。相談者たちの田んぼは、この事前のアドバイスで救われた。

これらの霊視は、農事に関する相談を受けて行ったものではない。「相談者にまつわる心配事」が、相談を受ける前に勝手に霊視されるのだ。京さんの霊視の幅は、こうしてどんどん広まっていった。

室戸病院で看護助手をしている親戚の久美さんも、京さんからいきなり連絡を受けて驚嘆させられた一人だ。

京さんの霊視ファイル3◆親戚の久美さんのケース
未熟児で亡くなった三男からの〝ことづて〟

「四年ほど前、京美から『久美ちゃん、コースケって知っちゅう？』って、電話かかってきたがですよ。『急に裸の赤ちゃんが出てきたんよ。久美ちゃんの子や言うてて、名前を聞いたらコースケと言うてるんやけど』と。コースケの名が京美の口から突然出てきて、ほんとにびっくりしました」

久美さんには、二十八年前に亡くなった三男がいた。一〇〇〇グラム足らずの未熟児で生まれ、病院の手当の甲斐もなく、ほどなく肺炎で亡くなった。

この子について知っているのは「旦那と親と妹だけ」（久美さん）で、妊娠が分かったときも親族には一切知らせていなかった。そのため、出産や、出産後ほどなく亡くなったことを、親族は知らない。葬式も自分たち家族だけでそっと済ませた。

その三男の名が、いきなり京さんの口から出てきたから、驚いたのも当然だった。

「コースケちゅうのはその子につけた名前です。京美は『口がこんまい（小さい、細い）子』とさかんに言う。『ストローをくわえたときのような口つきの赤ん坊や』と。これにも驚きました。コースケは生まれてすぐ人工呼吸器を付けられてね。口にチューブが入ったから、京美が見たとおり〝ごんまい〟口の形になっていたがです。

京美が言うには、『母ちゃんがぼくのこと心配しゆう』と。それを聞いて、えーってなってね。コースケのことは、たしかにずっと心にひっかかっていました。それでコースケが京美を頼って出てきたんやねえ。『自分は向こうでうまいことやりゆうき、心配せいでいい』って言ってるからと、京美に教えられました。それで改めてコースケのお祀りをしてもらって、魂を向こうの世界に送ってもらったがです」

久美さんは、つい最近も、家にまつわる霊異を解消してもらったという。

京さんの霊視ファイル4◆親戚の久美さんのケース
墓地による霊道で起きる怪現象

平成三十年に夫の実家に引っ越したところ、この家にたびたび奇妙な現象が起こった。怖いというほどではないが、なんとなく不気味だった。

「声が聞こえるがです。誰もいないのに『ただいまー』と玄関から聞こえたり。ほんで、ちょっと自分が落ちこんじゅうとき、お酒を飲むことがあるんですが、旦那によると、飲んでいるうちに日頃の鬱憤が口をついて出て、何かブツブツ言うらしいんです、わたし。そういうとき、天井から雨音がポタンポンって聞こえてくるがです。雨も降っていないのに。それで、『あ、ごめん』と謝ると、水の音がピタッと止んでね」

それでもさして気にもとめずに暮らしていたある日、友人二人が犬を連れて久美さんの家に遊びにやって来た。友人の一人が仏壇の前に座り、三人でおしゃべりを始めようとしたとき、仏壇の前に座った友人が、変なことを言い出した。

「『ねー、お経が聞こえたね』って言うんですよ。わたしらには何も聞こえてない。『えー、聞こえんで？』『ほんなら自分の空耳やろかねえ』って言って、一、二時間おしゃべりしていたら、座敷の中を元気に動き回っていた犬が廊下に出て、その廊下の突き当たりで急に動かなくなったがです。

京さんの親戚の久美さん。

行ってみたら、体が硬直したみたいになってる。『どうしたんやろ？　おかしいねえ。外に出してみようか』って連れ出すと、外では普通に歩くんです。でも家の中に連れて来ると、動かなくなった場所には絶対近づかない。近づかせようとすると、ブルブル震えてね。明らかに様子がおかしいんです。『あとで梨岡先生に聞いてみるから』言うて、その日はそれで解散して、京美に電話しました」

翌日の夜、京さんは久美さんの家に行った。家に入ってすぐに、土地の因縁が映像となって京さんの眼前に現れた。

「京美が『家の下にお墓が三つ並んじゅうき』って。まさかと思いました。そんな話、聞いたことなかったから。でも、京美はお墓の様子や因縁をどんどん話し続ける。それに、『浄化するのにシジミが要るよ』って言うがです。それであちこち探したけど、夜なので店は閉まってて、どこにも売ってない。そしたら、『浄化の仕方教えちゃるき、模様のないコップを用意して、それに水を入れて墓の上にあたる場所に一日置いといて』と。その墓の上にあたるのが、ちょうど犬が硬直した場所なんです。

言われたとおりに水を置いて一晩過ごし、翌日、京美に来てもらいました。そしたら、『コップに泡がいっぱい付くようならシジミで浄化せないかんけど、泡立ってないから今んとこ大丈夫や』と。そのとき、京美から『ここは霊の通り道や』って言われたんよ。『お墓を埋め立てて造成した土地の一角で、それ以前は上のほうにお寺があったよ』って」

これも知っていて言ったことではなく、霊視で見えたままを語ったものだ。久美さんが調べると、たしかにここら一帯は昔は墓地で、管理していた寺が高台にあったことも確認できた。

「霊の通り道やき、開けっ放しはいかん。ここ、カーテンで隠しとき」、京さんはそう指示し、久美さんが言われたとおりにすると、それ以来、声や雨音はほぼおさまった。

霊の通り道について、京さんはこう言う。

「透明なんだけど、グレーっぽい帯のようなものが、すっと見えるんです。帯に厚みはありません。その帯が宙に浮いて、道のようにずーっと延びている。道は広かったり狭かったり、まちまちです。

こんな霊道は日本各地にあります。久美ちゃんの家を横切っていたのもそうした霊道のひとつで、家の外まで突き抜けて続いている。仏さん（故人の霊）が、この道を行き来するんです」

京さんによると、霊道そのものは、別に恐いものでも悪いものでもない。

「人間の世界に道があるように、霊の世界にも道がある。あって当たり前のものです。ただ、霊道が通っているところに新たに家を建てる際、きちんと地鎮祭とかお祀りをせずにそのまま建てたら、仏さんの通り道は家が建ってもそのままそこにあるから、物音や声がしたり、気配がしたり、ラップ現象が起こったり、いろいろと異変が起きることがあります。その結果、住んでいる人が神経を病むなどのことも起こるので、何らかの対処をしないといけないいんです」

京さんの霊視能力は傑出している。なんとなく感じたり、ぼんやり見えるといった程度の霊視者は少なくないが、京さんのように細部までリアルに見えている者は、そう多くはない。そのため京さん自身が、霊を生きている人間と錯覚することも少なくない。

京さんの霊視ファイル5◆山崎美子さん（仮名）のケース
実家に連れ戻した事故現場にたたずむ兄の霊

福島県出身の山崎美子さん（仮名）は、自分の生活に関する悩みを相談するために、東京の京さんの事務所にやってきた。

彼女が入ってきたとたん、京さんの霊視がいきなり発動した。バイクが横断歩道で横倒しになり、すぐ側に事故死した男性が倒れている生々しい映像だった。

美子さん自身へのアドバイスは三十分ほどで切り上げ、美子さんに事故の件を尋ねた。

「どなたか事故で亡くなっていませんか？　この方、すごく男前です。白いTシャツを着てて、夏に亡くなっています。単車、ナナハンですよね」

京さんの言葉を聞いたとたん、美子さんの目がすぐに真っ赤になった。

「兄貴なんです」

美子さんが、そう答えた。

「お兄さん、成仏していないから、お坊さんか霊能者に頼んでお兄さんの霊を迎えに行ってもらってください。お兄さんはまだ事故現場にいますよ。もしできる方が見つからないようなら、わたしが行きます」

その後、郷里に戻った美子さんから連絡があり、その年の十一月に京さんは福島に行った。

美子さんは京さんが来るのを心待ちにしていたが、会社を経営している美子さんの父や社員たちは、いかがわしいものでも見るような冷ややかな視線を、容赦なく京さんに浴びせてきた。心霊にかかわる相談で、こうした態度をとられることは珍しいことではなかったが、このときの相手の不機嫌さや視線の冷たさはいたたまれないほどで、できるものならこのまま帰りたいと思うほどだった。

彼らが京さんのことを、美子さんに変なことを吹き込む詐欺師のように見なしているのは明らかだった。そこで、とにかくすぐに現場に行こうと京さんは促し、美子さん、社長である父親、社員の三人と一緒に向かった。

やがて霊視で見たとおりの現場が見えてきたので、「ここね」と美子さんに告げた。車から下り、京さんは黙々と供養の段取りを進めた。仏さんにビールを供えて供養すると一気に泡が噴き出し、中身がなくなったとたん、カランと倒れた。

これで連れて帰れると思い、その場にいたお兄さんの霊に、美子さんの体に乗るようにと話し、美子さんには「お兄さんを乗せて家に帰るよ」と告げた。

やがて車が家の見えるところまで来ると、美子さんの肩に乗っていたお兄さんの霊が、京さんに「俺、この道、知んねえ」と言い出した。美子さんに「お兄さん、この道、知らないって言ってるけど」と尋ねた。美子さんは驚き、「この道、兄が亡くなったあとにできたんです」と言った。そこで京さんは、お兄さんの霊に事情を話し、納得してもらったうえで、山崎家に戻ってもらった。

　これら一連の経緯があって、最初は猜疑の目で京さんを見ていた山崎家の人たちも、ようやく得心したのである。


　霊視の現場では、恐ろしいシーンを見せられることもある。死んだときの状態のままで出てくる仏さんの中には、血まみれの者もいれば、首のない者もいるからだ。また、思いもよらない真相が、霊視によって明らかになるケースもある。

　そのまま書くとさしさわりのあるケースなので依頼者の詳細は伏せるが、以下に記すことは、すべて事実にもとづいている。

京さんの霊視ファイル6◆坂崎慶子さん（仮名）のケース
おばあさんが殺した赤ちゃんと夫のガンの因果関係

　紹介者の仲介を受けて、京さんが坂崎慶子さん（仮名）宅を訪れたのは、数年前のことだ。行く前から霊視が始まっており、大きくて立派な家が見えていた。また、意味は分からないが、「その家のおばあさんは性格が悪い」という霊聴がしきりとあったので、紹介者にもそれを告げていた。

坂崎家では、後妻の慶子さんと娘の由香里さんが出迎えた。入ったときから、「この家のおばあさん、性格悪いですよ。嬉しくないですよ」と、霊のささやきが聞こえていたが、何も言わずに相談に移った。旦那の由起夫さんが前立腺ガンで、歩くこともできないほど悪化しているので、お祓いをしてもらいたいというのが慶子さんの依頼だった。

さっそく二階の仏間に移動し、仏前で供養した。この時点では、霊視も霊聴も発動することはなかった。

供養を終えた後、昼食を勧められた。食事が用意され、テーブルには食べきれないほどの皿鉢《さわち》料理が並べられた。

「食べる前にお供えしましょう」と言って刺身を小皿に取り分けてもらい、京さんが仏壇にお供えした。

その瞬間、「わたし、これ食べたい」という女の子の声が、はっきり聞こえた。

「ん？　食べたいってどういうこと？」

不審に思った京さんは、昼食を中止してあらためて仏壇に手を合わせ、声がしたほうに手を伸ばした。すると仏壇の隅のほうに、隠すようにして五センチほどのとても小さな位牌が置かれていることに気づいた。先ほど供養したときには気づかなかった位牌で、手に取ると、「長男の子」という意味の文字が記されていた。

この位牌を手にした瞬間、唐突に霊視が始まった。眼前に、いきなり出産シーンが展開されたのである。

「ものすごくリアルで、赤ちゃんがお母さんのお腹から回転しながら出てくるんです。赤ちゃんはこうやって出てくるものなんだと、そのとき初めて知りました。すると、産婦の左側にいたおばあさん（義母）が、寝ている産婦の左足の太ももの下からぐっと手を差しこんで産婦の股間に当てて、出てきた赤ちゃんの顔を塞いだんですよ。

おばあさんの様子も産婦の様子も、すべて現実に見ているくらいリアル。『殺してるやん！』――とっさにそう思い、ぞっとしました。あまりにも強烈過ぎる映像だったんです」

先ほど「わたし、これ食べたい」と訴えてきた霊は、この赤ちゃんだと京さんは確信した。そこで、由香里さんを指して、「この方、長女じゃないですよね？」と慶子さんに尋ねた。

この質問に慶子さんが憤慨した。「いえ、この子が長女です」と強く否定した。由香里さんは自分と由起夫さんの間に最初に生まれた子で間違いなく、それ以前に流産などで亡くした子はいない。また、慶子さんが後妻として坂崎家に入った時点で、先妻と由起夫さんの子などいなかった。なのに、この人は何でこんなデタラメを言うのかというフツフツとした怒りが、慶子さんから伝わってきた。

けれども娘の反応は違った。何かを感じとったらしい由香里さんが、「……はい、長女じゃないです」と認めた。そこで京さんは、何がなにやら分からず困惑している慶子さんに向かって、霊視の内容を説明した。

「このお宅に来る前から、おばあさんの性格の悪さがとても気になってたんですけど、その意味が分かりました。旦那さんと先妻さんの間に子ができて、先妻さんは女の双子さんを産んだんだけど、ここのおばあさん、そのとき一人殺してますもんね。そのとき生まれた双子さんが坂崎家の長女と次女で、由香里さんは戸籍上は長女だけれど、実際は三女ですものね」

京さんがこう言うと、由香里さんがそれを認めた。

「そのことは、人から聞いていました。でも、本当かどうか分からないし、とても人に話せる内容ではないから、ずっと黙っていました。母にも言っていません」

おばあさんが手をかけた双子の一人は、死産ということで処理したらしい。

京さんが続ける。

「おばあさんがなんでそんなことをしたかも、このときの霊視ではっきり分かりました。ちまたの霊媒師とかが、双子が生まれると家が栄えないとか言ったんですよ。それを真に受けて、おばあさん、一人を窒息死させたんです。この家はお金持ちだから、家が栄えなくなったら困ると思ったんでしょうね」

双子のもう一人も、ほどなく病死した。先妻はこの家の嫁でいるのが耐えられなくなり、別れて出て行った。その後、慶子さんが坂崎家に入ったのである。

由起夫さんと先妻の間に子がおり、「死産」したということは、紹介者も聞き知っていた。けれどもそのことは、京さんには言わずにいたと、ここで初めて打ち明けた。

「まさか、こんな話が飛び出すとは思っていなかったから……」

紹介者も絶句した。

この霊視で先妻時代のことが明らかになって、初めて慶子さんはそれまで言わないでいたことを、ぽつりぽつりと話し始めた。

「実は旦那、いつも夜中になると赤ちゃんの声で泣くんです。なぜこんな気味の悪い声で泣くんだろうと、ずっと困っていました。そういえば、旦那は長いこと仏壇に手を合わせていません。仏壇に向かうことができないらしいんです」

由起夫さんは、もちろん自分の母が先妻に対して行ったことを知っている。ただ、自分の母親が犯した犯罪だけに、暴いたり訴えたりすることはできない。後妻の慶子さんにも言えない。後悔や自責の念を抱いたまますっと沈黙を守ってきたが、後ろめたさから仏壇に手を合わせることもできず、ついには前立腺ガンで歩けないほど病状が悪化し、夜な夜な赤ん坊の声で泣くような事態に立ち至った。

前立腺という部位は、〝最初に出てきた赤ちゃんが窒息死させられた場所〟を暗示していたのである。

すべてが明らかになったあと、京さんは改めて亡くなった双子の位牌を奥から引っ張り出し、ねんごろに供養した。そのうえで、慶子さんにこう言った。

「旦那さんは、逃げたらダメです。仏壇と向き合うようにと伝えてください。仏壇に手を合わせて、すべきことをし、謝るべきことは謝らないといけません」

こうして供養を終えた。慶子さんからの依頼は「お祓い」だったが、お祓いしたからといって、由起夫さんの病気がどうなるものでもない。自分は何もせず、他力本願で救われようと思っても、そんな虫のいい話は心霊の世界には通じない。今、必要なのは、由起夫さんがしっかり過去を顧みて、仏壇の仏さんたちと真摯に向き合うことだと教えて、坂崎家をあとにした。

それからしばらくして、坂崎家の紹介者から電話があった。

「あの旦那さん、ガンが治って歩けるようになりました。今は仕事に復帰しています」

京さんのアドバイスを受け入れ、由起夫さんが真摯に仏壇と向き合っていたことが、これで知れた。

その後、由起夫さんと会う機会があった。「本当にありがとうございました。もうすべておっしゃるとおりでした。反省して手を合わせています」と感謝された。

以来、坂崎家とは信頼関係が生まれ、京さんは他のことでも相談に乗っている。

第四章　「天の教科書」仕込みの問題解決力

あまりにリアルに見える亡くなった人たち

京さんの霊視は、否定することができない。家族しか知らない故人の特徴、亡くなったときの様子などを、あまりにも正確に描き出すからだ。

「自分でも、今、見ている人が生きているのか亡くなった人なのか、ちょっと分からないときがあるくらいリアルなんです。

この方、ステテコ姿でくつろいだ様子でお酒を飲んでますねとか、右の耳が聞こえなくて、股ずれしていますねとか、左向きで体をくの字にして寝ていましたねとか、右の小指がないですねとか、爪が仕事のせいでいつも真っ黒でしたねとか家族に言うと、みんなびっくりするんだけれど、わたしはただ見ているそのままを言っているだけなんです」

京さんの霊視の正確さは、何人ものこの道の専門家たちも、そろって折り紙をつけている。元夫の照広さんが、こう証言する。

「本職で飯食うとる住職さんや神主さんらが、彼女に向かって『あんたはホンマモンや』と言うんですよ。『神様から教えをもらうには、わしらは何度も真剣に祝詞を上げて、祈らないかん。ところがこの人は、何もせんでも普通にパーンと見えるし、教えを受けとる。この人は天から教科書をもろうとる。わしらとは違う』と。

こうした言葉を、僕は何度も聞いている。実際、普通に料理をしているとき、話をしているとき、運転しているとき、いきなり見えたり聞こえたりするんです。僕は当初はずっと京美の『見える』という話を否定していたけど、そのうち否定できなくなりました。彼女が見たこと、言ったことが、事実そのとおりだったり、そのとおりになったりすることが何度も重なったからです」

とはいえ、ただ「見える」だけでは意味がない。重要なのは次の段階だ。「見える」のは、多くの場合、何かを伝えたがっている霊の働きかけに無意識に感応するからだが、そのメッセージにどう応えればよいのかが分からないと、「見えた」だけで終わってしまう。

救いを求めてしがみついたり、子孫に何かを伝えようとしている霊の欲求に応えて、今後どうすればよいのか、その道筋まで示して、初めて霊能者の仕事は意味を持つ。

具体的にどうすればよいかを、京さんは「天」から教えられたままに取り次ぐ。彼女との会話中に興味深い発言があった。そのとき京さんはこう言ったのだ。

「相談を受けて、霊視をして、何が問題なのか、何が障っているのかまではすぐに見えるんです。だけど、じゃあこうすればいいということは、現場に行くまで分かっていない。実際にやるまで、どうすればいいんだろうとわたし自身が思っているのよ。それなのに、厄介な相談を引き受けてしまうので、どうして引き受けたんだろうと、やるまで後悔なんです。でもいざ現地に行って、供養なりなんなりに取り組む段になると、こうすればよいということが自然に分かるんです。手なども勝手に動いている」

典型的な例を紹介しよう。十年ほど前に、大阪府八尾市で行った供養がそれだ。

京さんの霊視ファイル7◆中河さん（仮名）のケース
連続死を招いた四百体の遺体と感謝を告げた武将

発端は、イチョウの木の祟りだった。八尾市に住む中河さん（仮名）の家のそばに古いイチョウの大木があり、その枝が伸びて家の屋根にかかり、屋根を持ち上げるなどのトラブルがあった。そこで、中河さんの父親が枝を払ったところ、ほどなく事故で急逝した。

その後、同じようにイチョウの枝を切ったあとで甥が事故で亡くなり、姪も事故死するという怪事が、連続して三回起こった。

最初に事故死した父親は、枝を切る前に近所の神社の宮司さんにお祓いの祈祷をしてもらい、その後も年に一回はお祓いをしてもらってきたという。それでも事故が続いたので、イチョウに何かがあるのではないかという話になり、京さんに連絡が行った。

「中河さんから電話がかかってきました。彼が言うには、『宮司さんに尋ねたんだけれど、〝きちんとお祓いしているし、ご神木としてしめ縄も回している。そんなことはありえない〟と、まったくとりあってくれない。でも、自分はどうしてもイチョウが原因だと思えてならない。何があるのか見てもらえないか』という相談です。

それで、ふっと霊視しました。このときの映像は衝撃的で今も忘れられないんだけど、イチョウの木の根元にたくさんの死骸が見えたんですよ。ざっと四百体くらいあったと思います。大きな穴を掘って、その中にてんこもりで遺体が埋葬されている。

埋葬はだいたい四百二十年くらい前で、イチョウもそのころ植えた木だと直感的に伝わりました。お坊さんか神主さんが、木の根元の遺体の供養をしているのが見えました。イチョウは墓標代わりだったんです」

京さんによれば、この木はもともとは神社の広い境内の中にあった。それが明治の廃仏毀釈後、区画整理や何かで敷地が狭められ、境内の外になった。

その後、かつての社地が分譲され、家が建っていったが、イチョウはそのまま残され、今に至っているというのだ。

「『供養しないとダメです』と伝えました。ただ、四百人からの仏さんの供養だから、広い祭祀の場所がいる。自宅の居間程度の広さではとてもできない。中河さんは『そんな広い場所はない』と言うんだけれど、場所がないからと放っておける話じゃない。困りました。それで、親しくしていた八尾で会社を経営している社長さんに相談したら、『うちの工場の二階を提供します。経費も私が出しましょう』と言ってくれたんです」

この供養も、京さんに決まった「儀式次第」があって引き受けたわけではない。家庭の仏壇を前にしての供養なら、いくらでも経験がある。けれども四百人からの供養など、したことはない。やらなければだめだという強い思いから引き受けたが、これも先に書いた「どうして引き受けたんだろうと、やるまで後悔」のケースだった。

仏さんの意向を聞いて、京さんは供物の用意を指示し、供物台のテーブル二つに山盛りに並べた。この供物が大変だった。

「ご飯は白飯じゃなくて、粟とか雑穀のご飯。お酒は濁り酒。手伝ってくれた人が、よかれと思って用意したイチゴとかバナナとかケーキなんかは、仏さんが全部『いらない』と言って下げさせるんです。古い昔の仏さんだから、そうした食べ物は知らない。仏さんが食べていた時代のもの、雑穀米とか団子とか煮物とか、すべて指定があって。それをテーブルいっぱいに山盛りに並べて、これでいいか仏さんに聞いたら、『いい』と。それから供養にかかり、まず最初に祝詞をあげたんですが、『野のもの山のもの、多く供え奉る』とか、言葉が勝手に出てくるんです。自分では『えっ？　わたし何言ってるの？』と思っているんですよ。でも、出るにまかせて言わせてもらって」

これが、「天の教科書」の具体例にほかならない。自分では知らない祝詞を、「天の教科書」の導きのままに、京さんは唱えたのだ。

このときの供養は、不思議の連続だった。

まず、線香の燃え方が異様だった。燃えるスピードが尋常でなく早い。しかも、普通はまっすぐ上から下に燃えて灰になっていく線香が、くるくると円を描きながら燃えていく。ちょうど渦巻きの蚊取り線香が燃えるときのような、見たこともない異様な燃え方だった。

さらに京さんは、供養の場にやって来る仏さんの集団が見えた。

「大将のような人が三人、先頭に立って来ました。その後ろにずらっと兵隊のような人が続いて、遙か彼方からこちらにやって来る。この供養を行った当時は、ほかの人にも自分と同じものが見えていると思っていたので、横にいた社長の奥さんに『今、すごく仏さん来ましたね』と声をかけました。奥さんには見えていなかったのだけれど、ちょうどそのとき、奥さんが『先生、線香の燃え方、異常です』と言いました。霊は見えないけれど、線香の異様な燃え方は、ほかの人にも見えていたんです」

供養の場に現れた仏さんを、京さんは凝視した。その様子が、また異様だった。

「先頭の鎧兜を着た大将三人が、すごかったんです。三人とも首がない。首なしの甲冑《かっちゅう》姿の仏さんが、自分の首を脇に抱えているんですよ。もう、唖然です。こんなことがあるのか、なんだこりゃと。

その三人の仏さんが、祭壇の前で右足を立て、左足を折り曲げて床につけた姿でひざまづいているんですね。何のことか分からないから、供養に参列してた知人に、今、これこれこういう姿勢でひざまづいていると言ったら、『先生、それ、昔の武士の作法で、最高の敬意の表現ですよ。供養してもらったことに対するお礼でしょう』と。

　そんなことを話していたら、『三人の大将のような人の一人は、長宗我部元親《ちょうそかべもとちか》だ』という霊聴があって、それなら地元高知の殿様だった方じゃないかと思って」

　京さんは、この供養を七年続けた。自分が霊視したものが何だったのかは、中河さんが八尾の歴史資料や民俗資料館で調べて、「大阪夏の陣で亡くなった、長宗我部方の武士たちに違いない」と報告してくれたという。

　たしかに長宗我部は豊臣方の主力の一角として徳川家康と戦い、慶長二十年（一六一五）の夏の陣で潰滅している。最初の霊視で京さんが四百二十年くらい前と感じとった年代とほぼ合致しているし、八尾という土地も、夏の陣の激戦地のひとつだった。

　ただ、このとき戦闘（八尾・若江の戦い）に参加したのは長宗我部元親ではなく（元親は十六年前の慶長四年に逝去）、元親の嫡子の長宗我部盛親《もりちか》なので、京さんの聞き違いか、その名を知っていた元親と混同したのだろう。

　八尾・若江の戦いの後、盛親は潜伏していた京都の八幡市で捕らえられ、市中引き回しのうえ、京都六条河原で斬首された。首を脇に抱えて現れた仏さんは、この盛親と側近の武将だったのだろうと思う。

この供養で、異変は収まった。イチョウは今も同じ場所にあるが、以来、事故などは何も起こらなくなった。

線香の異様な燃え方は、仏さんをじかに見ることのできない人々に対し、〝仏さんがたしかにここに来て供養を受け取った〟ということの知らせだと京さんは解している。

位の高い霊ほど派手な霊動をしない

八尾のケースは、照広さんが複数の本職から聞いた「天の教科書」のみごとな実例だ。ただし、京さんがいつも天からの教え頼りの受け身で、現場に臨んでいるということではない。彼女自身も、どうすればよいのかを一心に考え、その道のプロからのアドバイスも乞う。だが、そうして動いたとき、本職の口を借りて彼女に教えているのも、やはり広い意味での「天」なのだ。

周囲の人の口を借りてさりげなく導くというのは、神霊や祖霊の教え方としては、たぶん一番多い。

筆者の知る限り、低級霊は派手な霊動や不安をあおる霊示・霊言で人を驚かせ、霊能者本人やその信者らの心身を支配しようとするケースが非常に多い。

けれども位の高い霊は、そんなこけおどし的な方法は、通常はまずとらない。周囲の人たちの口を借りて何気なくメッセージを伝えたり、インスピレーションを与えたり、夢で知らせるなどのごく自然な方法で、人を気づきに導く。

京さんが自分では知らない祝詞を唱えたことについて

75ページで紹介した「祝詞」の話を聞いたとき、筆者はしみじみ感心した。何度も書いてきたように、京さんは宗教知識がないまま、霊媒として活動し始めた。この供養はそのころのことなので、今の京さんとは比べものにならないほど知識が乏しい。

もちろん祝詞も知らない。だから「野のもの山のもの、多く供え奉る」という文言が、祝詞の定型句を平たく言い換えたものだという知識もない。知らないまま、「何言ってるの？」と思いながら唱えているのだ。

『延喜式《えんぎしき》』に収録されている祝詞では、神霊に献じる供物は「幣帛《みてぐら》」と総称される。祝詞によって多少の違いはあるが、中身はほぼ同じで「御酒《みき》は瓱《みか》の上高知《へたかし》り、瓱の腹《み》満て並べて、和稲《にぎしね》・荒稲《あらしね》に、山に住む物は、毛の和物《にこもの》・毛の荒物《あらもの》、大野の原に生《お》うる物は、甘《あま》菜《な》・辛菜《からな》、青海《あおみ》の原に住む物は、鰭《はた》の広物・鰭の狭物《さもの》、奥《おき》つ藻菜《もは》・辺《へ》つ藻菜に至るまでに、横山の如くうち積み置きて、奉るこのうづの幣帛《みてぐら》」などと表現される（引用は『龍田《たつた》の風の神の祭』の祝詞）。

京さんが知らずに口にした「野のもの山のもの、多く供え奉る」はこの祝詞の幣帛のことであり、仏さんが供物をテーブルいっぱいに並べるように求めたのは、祝詞にある「横山の如くうち積み置きて、奉るこのうづの幣帛」の具体的な表現そのものなのである。

「こうすればよいということが自然に分かる」という京さんの言葉は、まさにそのことを指している。

しかも京さんは、障っている仏さんの様子をその目で見、じかに会話を交わすことができるので、こうしてほしいという霊の訴えをリアルに聞きとり、相談者に取り次ぐことができる。

この霊視・霊聴能力と、「天の教科書」を受け取ることのできる資質を生まれながらに兼ね備えていることを指して、末富住職は京さんを一種の「天才」と呼んだのである。

「天の教科書」の実例を、もうひとつ挙げよう。佐藤和夫さん（仮名）のケースだ。

京さんの霊視ファイル8◆佐藤和夫さん（仮名）のケース

異様な寒気の原因だったダムの底の先祖

和夫さんは長年、重度の冷え症に苦しんできた。冷え性といっても、尋常一様のものではない。猛烈に暑い四国の夏でも、寒くて寒くて電気毛布が手離せない。

当然ながら、体調は慢性的に悪い。あちこち病院に通ったが、さっぱり原因が分からない。やむなく霊能者に相談してみたが、そこでもまったく改善しない。そんな状態で苦しんでいたとき、京さんを紹介する人がおり、その人に伴われて訪ねて来た。

「寒くて寒くて、夜も満足に眠れない」と訴える和夫さんを見て霊視に入ると、京さんの目に水底の墓が見えた。シカかイノシシに倒されたらしく、墓の棹石《さおいし》が横たわって沈んでいる。

その情景を話すと和夫さんは絶句し、「実は父方の佐藤の実家が、早明浦《さめうら》ダムの建設で人造湖の底に沈んでいるんです」と話し始めた。

早明浦ダムは吉野川水系に造られた四国最大のダムで、昭和四十八年に完成している。建設の際、本山町、土佐町、大川村の二町一村が水没し、三百八十七世帯が移住した。佐藤さんの実家が、そのうちのひとつだったというのである。

京さんは霊視を続け、墓に至る道をずんずん上がって行った。芝が枯れているので、季節は冬だと分かった。道は細く、獣道になっている。その道を上がっていくと段々畑があり、道の左側に、倒れたままに放置されているお墓が見えると情景を伝え、和夫さんに、しかじかの場所だったかといちいち確認した。「そうです、そこです」と、和夫さんが驚きながら答えた。

さらに霊視を続けた。移住に際し、集落にあった墓の仏さんたちは、僧侶によって新しい場所に移されていた。ところがこの墓だけはうっかり忘れられ、そのまま水底に放置されたことが霊視で分かった。

そのため、この墓の仏さんが和夫さんにすがりつき、そのせいで夏でも寒く、ろくに眠ることもできない状態になっているのだと、京さんは和夫さんに告げた。

早明浦ダムの底にある墓のことは、和夫さん以外知らなかった。和夫さんを案内してきた紹介者も初耳だと驚いた。

ここまできて、京さんは、はたと悩んだ。障りの原因までは突き止めたが、それだけでは何の解決にもならない。見えたけれどもそれ止まりというのでは、水底の仏さんも救えないし、和夫さんの障りも解消できない。

「さて、どうすればよいかと、困りました。ダムの底で、墓は動かしようがないですから。そのとき、『ああそうだ、念で引っ張れるんだ』と、ふと思ったんです。やったことはありません。でも、なぜかできると思いました。

そこで、ただちに念で仏さんを引っ張り始めたとたん、急に体にズンとすごい重みがのしかかり、これは大変だと感じました。ものすごく疲れました。仏さんをやっと早明浦ダムの底から引っ張ってきて、『今まで寒かったね』とねぎらい、線香を焚き、供物をあげて、『ここに入って来てくださいね』と佐藤家のお墓に導きました。

　後日、和夫さんから、『あの日の夜から普通に寝られました。異常な寒気も治まりました』と連絡がありました」


　このときの供養で、京さんは初めて「念」によって仏さんを引っ張るという方法を実践した。どうやればそれができるのかは、まったく知らない。けれども、なぜか瞬時にそれができた。

「やったこともないのに、なんでわたしは引き受けてやっているんだろうと、しょっちゅう思いますよ。墓のこと、仏壇のこと、法事のこと、神様のお祀りのことなど、すべてそう。でも、気がついたらしている。わたしのは経験実学で、その積み重ねです」

お経も祝詞もあげずに仏をあの世に導く

　このケースに端的に表れているとおり、心霊問題に対する京さんの処し方には、神秘めかした儀式や一般人には意味不明の作法など、宗教につきものの演出の類いはまったくない。仏さんによってはお経を聞きたがるので、そのときにはお経をあげるが（八尾の供養のときは仏さんがお経を聞きたがったので、社長の奥さんから浄土真宗の経本を借りて読みあげたという）、仏さんの要求がなければ、強いてあげることはない。祝詞や真言なども不要だ。

一般人が自宅仏壇の仏さんに線香や灯明や供物をあげ、仏さんに語りかけるように、京さんも仏さんに語りかけ、彼らの訴えを聞いて心に溜まっている思いを吐き出させる。仏さんとの直接の会話をのぞけば、特別なことは何もない。

京さんは自分のやり方を「単刀直入式」だと言う。それで十分仏さんに通じるのである。

第五章　特殊なオーラの意味や予知

身体が発しているみえないサイン

京さんの霊視は、これまで書いてきた仏さんや関係する土地、人物、事件などにとどまらない。人体の周辺に現れる「気」の様子も、肉眼で見ている。

その典型が、死期の迫った人物の頭部に現れるという黒い気のモヤ、心霊学でいうオーラだ。

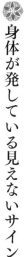

死期が迫ると現れる黒い玉やマント

初めてそれを見たのは、ある会社経営者らと郡山のワイナリーに行ったときだった。

そのとき京さんは、旅行先で、見知らぬ年配の女性の頭上十センチほどのところに、ドッジボールほどの大きさの黒い玉が浮かんでいるのがはっきり見えた。あまりにリアルだったので思わずドキッとし、同行者に見えるかどうか尋ねた。同行者が何も見えないと答えたので、自分だけが見えているのだと分かった。

このときはまだ霊能者として活動を始めた当初だったので、黒い玉が何を意味するのか分からなかった。

ところがほどなく、別の知人の女性の頭上に、郡山で見たのとそっくりの黒い玉が浮かんでいるのが見えた。その女性は、病気で入院しており、それから間もなくして亡くなった。その後も、同様の現場にでくわした。いずれも死期が迫った人の頭上に現れていた。そこでようやく、あの黒い気のかたまりは死の前触れのひとつで、魂が肉体から抜け出る前に現れるものだと確認できたというのだ。

京さんは、こう説明する。

「黒いもやもやしたものは、いつもボールのような形と決まっているわけではないんです。球体になるのは心が死を受け入れている人、腹をくくった人です。そういう人は、なぜか黒い玉になる。

でも、予期しない事故死や突然死、死が受け入れられずにいる人などの場合は、球体にはならず、黒いベールかマントみたいな形で頭の上から垂れ下がっています。球にせよマントにせよ、黒いあれが出たら、もうあの世に行くことになります。なぜ球形になるのか、今のわたしには分かりませんが、ご先祖さんや仏さんたちに守られていることと関係しているように感じています」

脳の一部から消え失せたオーラ

病気などで異変がある場合も、オーラに現れるときがあると京さんは言う。

ある大阪の男性の相談にのっていたとき、男性の頭部が不思議な形になって、霊眼に映じた。

「頭が包丁でスパッと切ったみたいに真っ二つに割れて見えたんですよ。左半分にはグリーンのオーラのようなものがかぶさっているんだけど、右半分は何もない。おかしいなと思って『頭、何かされました？』と聞くと、『脳梗塞で手術しました』と。それが右半分でした」

手術を受けた脳の右半球から、生気の活動を示すオーラが消えていたのである。

病気の霊視には、なるほどそんなイメージで現れるのかと感心させられることが多い。

痛風傾向を示す足先のキラキラした破片

京さんと私を引き合わせたのは、本書の出版人で、拙著『新・日本神人伝』の出版人でもある今井博樹社長だが、彼は京さんからいきなり「足先の関節がキラキラしている」と忠告された。痛風のビジョンが、唐突に霊視されたのだ。

このときの霊視は、以前の経験から導かれている。

「ある知人と電話をしていたとき、いきなりその知人の足の先が赤く腫れあがって、キラキラしているのが見えたんです。薄い針みたいな、ガラスのかけらみたいなものが、足先のあたりにいっぱい刺さっている。意味は分からないけど気になって、『足、だいじょうぶ？』と聞いたら、『いやあ梨岡さん、俺、足が痛くて。今、病院に行って薬をもらってきたんですよ。痛風です』との返事でした。それと同じものが、今井さんの足先に見えたんです」

この話を京さんから聞いたとき、筆者はてっきり京さんが痛風の原因である尿酸結晶を知っているのだろうと思った。関節部に突き刺さって激痛をもたらす尿酸結晶の姿は、まさに「薄い針みたいな、ガラスのかけらみたいなもの」そのものだからだ。

ところが驚いたことに、京さんは私が尋ねた時点でも、尿酸結晶も知らなければ、痛風の原因も知らなかった。知らないまま、顕微鏡でなければ見えない結晶を、リアルに見ていたのである。

後で書くが、京さんはガンも経験している。そのときも、ガンの診断が下る前に、グリーンに発光しながら自分の体の中を動き回るガン細胞のさまを霊視している。その情景が、ペット検査の画像そのものなので、私は驚いた。

神域でうごめくさまざまな色の気

神域や自然界でも、気がさかんに活動していると京さんは言う。

「神社で神様に何か申し上げているときなんかも、透かしピンクとか、黄色とか、コバルトブルーとか、グリーンとかの色が無造作に動きながら絡みあって、さまざまに変化しているのが見えます。それが重なって紫になったり、また別の色になったり。

伊勢神宮だと、杉の木の上とか拝殿の上でグリーンから始まって、コバルトブルーから透かしピンクというように、色がどんどん変わっていきます。以前は宙空で動いていたんですが、最近はだんだん下に降りて来ていて、ふと見たら足元にあったりする。手を差し伸べると、そこから入って行ける感じです。何か意味があるんでしょうね。でも今のわたしには、まだ意味は分かりません」

京さんと一緒に、神仙道家の宮地堅磐《かきは》・水位《すいい》父子ゆかりの「潮江天満宮《うしおえてんまんぐう》」（高知県高知市天神町）を訪れたときも、そうだった。

境内の裏手にある磐座《いわくら》の霊域に入ったとたん、彼女は「空中に無数の白い光が散乱して動き回っている」と言い出し、「何だろ？　たくさんキラキラと光が舞っているのよ」と感嘆した。

室内の空気の動きさえも見えるまでに

最近では、京さんは気の揺らぎのようなものも見えているらしい。ガラスの壁の向こうの閉鎖された空間の中で、たとえば空調が動いていると、「その場の空気がゆらゆらと動いたり、流れたりするのが見える」と言い、筆者の背後の空気の動きはこうだと語ったこともある。これも気を見ているのだろう。

このように、京さんの霊視はじつに幅広い。自然霊や神の眷属——天狗、稲荷、三足烏、龍などとも何度も出会っている。この卓越した霊視能力と「天の教科書」が、彼女を支えているのである。

潮江天満宮の磐座。京さんの隣が筆者。

宮地堅磐・水位の気が今も活動している磐座

潮江天満宮は、私がぜひ行きたいと言って京さんに同行してもらったのだが、京さん自身は宮地父子も宮地神仙道も知らない。

おもしろいことに、天満宮の本社では、京さんは「何も感じない」と言った。同社は江戸時代から、宮地家が代々の社家として祭祀職を受け継いできたが、明治四年に社家が廃止されて以降は宮地家との関係が切れており、戦後も神社本庁に所属して、宮地神仙道とはかかわりを持たない神社となった。京さんが何も感じないと言ったのは、おそらくこうした事情が関係している。

拝殿に詣ったのち、われわれは境内裏手の小高いところにひっそりと鎮まっている磐境に行った。そこに立ったとたん、彼女は「ここ、ここよ。その仙人のような人（宮地堅磐・水位）はここで修行をして、向こうの山に行ってたのよ」と断言して、はるか西の彼方に見える山並を指さした。

これを聞いて、私は嬉しくなった。「向こうの山」が、まさしく『異境備忘録』や『宮地家々牒』で〝堅磐が開いた〟と明記されている手箱山《てばこやま》と符合していたからである。

霊視したことを忘れ去る理由

もうひとつ、特記しておきたいのは、京さんが自分の霊視や祭祀供養などを、あきれるほどよく忘れ去ることだ。

照広さんや智子さんもそのことを繰り返し語っていたし、コースケちゃんの霊や、転居先の霊道に悩まされた久美さんのケースでも、京さんの記憶はかなり曖昧で、細かいところはほぼ忘れている。

他方、それで救われた人は、そのときのことをはっきり覚えており、取材をすると、そのときの驚きや感激をイキイキと再現してくれる。京さんも隣で一緒に聞いていて、「へーっ、わたしそんなこと言った？」などと、人ごとのように感心しているのである。

二〇二〇年の「動けなくなる事態」を予見していた

筆者も同様の体験を何度もしている。中でも強く印象に残っているのは、二〇一九年九月に、京さんと本書の発行人である今井さん、私の三人で飲んでいたときのことだ。

よもやま話をしているうちに、京さんの地元・四国の魚と筆者の地元・北海道の魚の話題で盛り上がり、関東で生きのいい魚を食べるなら千葉か神奈川がいいねという会話の流れから、「来年の春先、三人で千葉に行って魚を食べよう」という話になった。

京さんも、最初は「行こう行こう」と大乗り気だった。ところが唐突に、「春先はダメ。行けない」と言い出した。スケジュールの都合ということではない。理由を聞いた。

「よく分からないけど、来年、天災か何かで動けなくなるみたい。千葉には行けない」と、京さんが答えた。会話の途中で急に〝受信状態〟になるのはよくあることで、そうなったときは京さんの顔や目つきが少し変わる。このときもそれだった。

「地震か何かがあるのかな?」と尋ねたが、どうもそうではないらしい。「春がだめなら、夏にしましょうか?」と提案した。

普段の京さんなら、屈託のない笑顔で提案に乗ってくるのだが、このときも肯定的な返事はなく、千葉行きの話はそれで切り上げになった。

その後、筆者も、この会話のことはすっかり忘れていた。ところが翌年、コロナのパンデミックが勃発し、日本でも一回目の緊急事態宣言が四月に発せられた。

そこで初めて、昨年の京さんの言葉を思い出した。たしかに「動けなくなる事態」が出来《しゅったい》したのである。

後日この件を京さんに聞くと、彼女は「えーっ、そんなこと言ったっけ?」と人ごとのように言った。完全に忘れていたのである。

答えは自分の霊能力に執着しないから

目を閉じ、心を統一してトランス状態（入神状態）に入った霊媒が、目覚めたあとでトランス中の言動を記憶していないのはよくあることで、珍しくはない。このタイプの霊媒は、トランス状態に入ると、顕在意識がいわば「眠り」に入る。若い頃の萩原真《まこと》（千鳥会の霊媒で「真の道」の創設者）などが、その典型だ。

けれども、一部の「霊視・霊聴タイプ」の霊媒は違う。霊視・霊聴も、瞬間的なトランス状態の中で起こる現象だが、こちらのタイプの場合はしっかり顕在意識も働いており、会話もスムーズに続く。入神に際して、目をつぶることもない。逆に相手をじっと見つめながら、霊視に入る。

京さんもこちらの側の能力者なので、意識の断絶は一切ない。自分が何を見ているか、何を話しているのか分かっている。

ところが事が済むと、きれいさっぱり忘れてしまうのだ。これは記憶力の問題ではない。自分が実践してきたさまざまな供養・霊術や、自分の霊能力に対して執着もなければ、囚われてもいないことの表れだと筆者は解釈している。

これは本当に素晴らしいことだ。というのも、霊能者や宗教家にしばしば見られる奢りや慢心、ときに脅しにまでエスカレートする霊示の強制、独善性といった〝俗臭〟とは無縁の生き方を、京さんがごく自然に身につけていることを示しているからだ。

もともと京さんは、霊媒になりたくてなったわけでも、神仏に関心があってこの道に入ったわけでもない。心身をさいなみ続ける自分の霊的な能力が疎ましく、できるものならそこから解放されたいと思って前半生を過ごしてきた。

だが、神仏にわしづかみにされてどうしても逃れられず、「しゃあない。もうこの道に入るわ」と腹をくくってこの道に入ったのだ。

だからこそ京さんは、自分の霊視も、人助けも、自分の力ではなく神霊や周囲の人々の助けがあって初めてできる〝この世における自分の役目〟だという思いを抱いている。

彼女が口癖のように言う「感謝」は、きれいごとではなく本心からの言葉なのである。

第六章　「鴻里三宝大荒神社」の神職として

霊威ある「三宝荒神」との出会い

話を経歴に戻そう。末富住職との出会いとならんで大きな転回点となったのが、高知県安芸郡田野町に鎮座する「鴻里三宝大荒神社《こうのさとさんぽうだいこうじんじゃ》」との出会いだった。

同社の主祭神となっている三宝荒神は、先代宮司の龍田福太郎さんが奈良県吉野郡野迫《のせ》川《がわ》村の「立里《たてり》荒神社」から勧請《かんじょう》してこの地に祀ったもので、ほかに不動尊、阿弥陀仏、十二神将などが勧請されている。

吉野の立里荒神社は、「高野山の奥の院」とされてきた荒神岳北の峰の山頂（一二六〇メートル）に鎮座する古社で、日本三大荒神のひとつにも数えられている。空海が高野山を開くにあたり、伽藍《がらん》の繁栄と密教守護のために勧請したと伝えられる。

この立里荒神から分霊をお招きして鎮座していただいたのが、鴻里三宝大荒神社の三宝荒神で、京さんは四十一歳のとき、初めてこの小社を訪れた。

神社の存在は、夫・照広さんの友人から教えられた。照広さんが京さんの活動に否定的だったのとは反対に、その友人は神霊方面に関心を持っており、京さんの理解者でもあった。その友人に誘われるまま、京さんは照広さんともども三人で参拝したのである。

それまで京さんは、霊威のある高野山ゆかりの神社が田野町にあることは知らず、三宝荒神がどのような神なのかも知らなかった。

四十一歳といえば、京さんの霊視の封印が解けた翌年だ。まるで封印が解けるのを待ち構えていたかのように、荒神さんとのご縁が発動し始めたのである。

出迎えたおじいさん宮司の正体

拝殿で拝んだあと、奥の院にお参りするために社務所の横を通ったとき、京さんは、ふとそこに立っている老爺が目に止まった。

「小柄な、痩せて歯の抜けたおじいさん。白い着物に水色の袴をはいて、箒《ほうき》を持っていました。なぜか、たもとに飴とかお饅頭を入れているのも分かりました。宮司さんだろうと思い、会釈して、そのまま奥の院に向かいました」

奥の院で参拝を済ませた帰り道で、先を行く夫たちに「ちょっと待って。さっきのおじいさんに挨拶して行くから」と声をかけた。すると二人はいぶかしげな顔つきで振り返り、案内役の友人が「ここの宮司さん、おらんがで」と笑った。

「そんなことないわ。今さっき見たし」と反論したが、照広さんも、「誰もおらんが」と否定した。そんなはずはないと思い、京さんは社務所の戸を開けようとした。戸には鍵がかかって固く閉ざされており、カーテンも引かれている。すべてがひっそりと静まり返って、人の気配はなかった。

生前の龍田宮司。

案内の友人から、「宮司はとっくに亡くなっている」と聞かされて、先ほど会釈したおじいさんは、亡くなった宮司さんの霊なのだと、そのとき初めて気づいた。後日、龍田宮司の写真を見たとき、「ああ、たしかに会ったのはこの人だ」と得心したのである。

現在、京さんが代表者として管理を務める「三宝大荒神社」の拝殿。霊威ある日本三大大荒神のひとつ、立里荒神社から神霊を勧請してこの地に祀った。

祀られている「三宝大荒神」。この写真は、この神様に「この本に掲載してよいでしょうか？」と京さんが直接お伺いを立て、許可が降りたもの。

夫の友人を介して、京さんは鴻里三宝大荒神に引き寄せられ、宮司の霊の出迎えを受けたのだが、この時点では、自分が引き寄せられたなどとは夢にも思わなかった。

けれども荒神社の神様のほうは、おそらくそうではなかった。その後、偶然の機会が重なって神社の世話人と知り合うようになり、その方の誘いを受けて神社の掃除に出かけるようになった。それと意識することなく、宮司が不在になっていた荒神さんへの奉仕を始めることになり、それが二年ほど続けられたのである。

狸憑きの霊能者や反発勢力で神社と疎遠に

その間に、神社の信者さんたちとの信頼関係もできていったが、関係者の中には露骨に京さんを煙たがり、なんとか神社から遠ざけようとする人も出てきた。そのうちの一人に、先代宮司亡き後、神社に出入りしていた年配の男性霊能者がいた。

あるとき京さんは、その霊能者と話をする機会があった。照広さんも一緒にいたが、霊能者は照広さんに向かい、京さんがいかにダメな嫁であるかを力説した。さらに京さんに向かい、「あんたは霊能者だそうだが、わしの足許にも及ばん」と挑発し、「あんたは四十五歳で死ぬよ」とまで言い切った。

死をちらつかせながら脅すようなまねをするのは低級霊に使われている証拠で、その低級霊が京さんを神社から遠ざけようとしているのは明らかだった。ふと見ると、彼の背後に奇妙な毛のかたまりが見えた。霊視の際、京さんは向き合った相手の背中側まで見えることがあり、このときもそれだった。

「なんだろうと思ってよく見ると、狸の尻尾なんですよ。白いふさふさした太い尻尾が生えている。ああ、この人、狸が憑いてると思いました」

これ以上話していても無意味だと思い、話を切り上げたが、神社をとりまく環境は良いものとは思えず、なんとなく疎ましさを感じるようになった。

さらに京さん自身の活動の幅が、日々広がっており、もっといろいろな勉強したいという思いが募って、高知と東京を行き来するようになっていた。そのため、おのずと神社から足が遠のき、疎遠な状態が数年続いた。

この時期、京さんは人生の大きな転換点を迎えていた。本人に自覚はなかったが、霊界側では、いよいよ京さんを本格的に使うための準備に入ったようだった。

それがはっきりとした形になったのは、平成二十二年、四十六歳のときだ。

四十歳で霊視の封印が解かれて以降、京さんは梨岡家の嫁、照広さんの妻、三人の子どもたちの母、養豚場経営の経理などとして働きながら、求められて霊能者の道を歩み始め、次々と押し寄せてくる「負のもの」の障りに極限まで苦しめられた後、「この道に入る」腹を固め、神霊側に以後の人生をあずけた。

そこで神霊側は、京さんを鴻里三宝大荒神社や長谷地蔵尊のほかにも、伊勢・出雲・宮崎・大分・吉野・熊野・京都など各地の霊域に行くよう仕向け、ごく短期間のうちに、京さんはそれらの霊地を次々と巡った。

大半は、自分の意志による旅行ではない。末富住職に誘われて出かけたところもあれば、彼女の霊視を頼って相談をもちかけ、それによって救われた人々の招きで出かけた霊域も多い。京さんの意志とは無関係に、それらの地を訪れる流れが、自然に作られていったのである。

離婚して上京するも、地元に引き戻されて

こうした神霊側からのはからいの末に、京さんは四十八歳で離婚した。二足のワラジを

脱ぎ去り、いよいよ本格的に、霊能による人助けの道に入る段階が訪れたのだ。

前出の伊藤智子さんは、この時期の京さんについて、こう回想している。

「離婚前の先生は、見ていて気の毒になるくらい悩んでましたね。今までこんな先生、見たことないというくらい。先生が先生でなくなったみたいと何度も思いました。それで、ああ、先生もやっぱり人間なんやなあと」

普段は明るく陽気で、ざっくばらんな京さんも、このときは思い悩む日々が続いた。

「どうやって旦那に話をもっていこうか、本当に悩みに悩みました。葛藤がすごかった。結婚するのは簡単だったのに、離婚するのはこんなに難しいものなのかとしみじみ思いました」

紆余曲折の末、ようやく照広さんとの話し合いがつき、離婚が成立した。その時点で、京さんは高知を離れ、裸一貫、東京で新たな人生を踏み出すつもりでいた。自分の持ち物はすべて整理してほとんど身ひとつになり、借りていた東京の事務所に移った。

ところが東京で活動しだしたとき、三宝荒神から「待った」がかかったのである。

京さんが語る。

「東京で小さな事務所兼住居を借り、そこを拠点に活動し始めていたところ、三宝荒神さんの信者さんの一人から、『先生、助けて』と電話がかかってきたんです。『どうしたの？』と聞くと、神社の関係者の一部から、三宝荒神さんを別の町に遷そうという動きが出て、もめていると言うんです。

『そんなことをしていいんでしょうか？』と尋ねられて、とっさに『だめ！』という言葉が出ました。『とにかく一度帰ってきて、皆さんと話してしてほしい』と懇願されました。それがあまりに必死なので、断りもできず、とにかく一度戻るからということになりました」

帰郷した京さんは、十人ほどの信者たちと話し合った。神社の遷座について尋ねられたので、それはいけないと断言した。

「先代の宮司さんがこの地に勧請した背景には、人間には預かり知れない理由があるんです。立里の荒神さんがここで働いておられるのに、人間のほうが勝手に、いわば神様を邪魔物扱いして他の場所に遷すなどということをしたら死にますよ、ときつい言い方で否定しました。

その後、『やはり荒神さんのためには、梨岡先生にいてもらわないと困る』という話になって。わたしは東京を中心に新たな人生に取り組もうと思っていたんですが、どうしても拒むことができなくなりました」

結局、遷座はとりやめとなった。このとき信者たちは、京さんに「鴻里三宝大荒神社に腰を落ち着けてほしい」と強く求めてきた。けれども京さんには、東京での活動をやめる気持ちは、まったくなかった。話し合いの末、「次の方が決まるまでのつなぎとしてなら」という条件で、一度は身を引いていた荒神社に再び奉仕することになった。

離婚を経て、自分の意志で自由に動き回れるようになるのを待っていたかのように、三宝荒神の側から、京さんの身柄を引き寄せたのである。

経済苦を神に伝えたら神社の代表者に

以来、東京と高知を行き来する生活が始まった。当初は月一回、荒神社に来て奉仕活動をしていたが、月二回は神社恒例の神祭を行わなければならず、信者たちからの強い求めもあったため、どうしてもより頻繁に高知に通わなければならなくなってきた。

「金銭的につらいんですよ。神社のお賽銭や寄付金などはすべて管理者に渡して、わたしは完全にノータッチだったので、神社の維持費もままなりません。一応、運営者から月二万円の謝礼が出ていたんだけど、毎月何度も東京と高知を往復しているので、現実問題として、二万円ではどうにもならないわけです。

そこで、神様にははっきり『きつい』と言いました。『こんな状態で、わたしがここに来る意味があるんですか？　あるなら交通費をどうにかしてください』と愚痴ったんです。すると不思議なことに、その通りになったのよ。それでも、最低月二回は神社に座ることになりました」

問題はほかにもあった。京さんが不在のとき、神社の神宝が無断で持ち出されるなどの事件があった。拝殿や社務所の傷みも進んでおり、あちこち修繕が必要だったが、現状では費用の工面もおぼつかなかった。

東京と高知を往還している状況では、神社中心の生活は無理ではないかと思い悩んだ末、京さんは神社との関わりに終止符を打とうと決め、信者たちと話し合いの場を持った。彼らは反対したが、京さんの腹は決まっていた。それを翻意させたのが神霊だった。

「神様にうかがったら、はっきり『ダメだ』と言われました。神様からダメ出しが出たら、もう拒めません。それで管理者も交えての話し合いとなり、管理者も、以後の神社の管理運営はわたしに一任すると言いました。それが平成二十八年、五十二歳の十月ごろで、翌年正月から、正式に鴻里三宝大荒神社の代表者に就きました」

正式な代表者となった京さんは、ただちに神社の再建にとりかかった。信者が集まって氏子総代を決め、乱雑だった拝殿や社務所の整備にも着手した。

短期間のうちに、京さんの人生はめまぐるしく転変した。荒神社の代表に就いて以降、京さんに、また新たな〝禊ぎ〟が課せられた。先にも少し述べた、ガンを発症したのである。

自身のガン細胞の霊視と神への誓い

自分の身体に、何か異変が生じていることには気づいていた。

瞼を閉じると、多数の黄緑色の丸い光がとめどなく動き回って、瞼の裏から離れない。ガンではないかと思い、病院で検査を受けたところ、「子宮体ガンおよび膵臓ガン」と診断された。

ガン細胞の活動状況を見ることができるペット検査の画像を見せられたとき、「チラチラ動き回る黄緑色の光はこれだ」と思った。京さんはガン細胞を見ていたのである。

手術を受ける前に、荒神社で神に祈った。助けてくれという祈りではない。

「わたしがまだこの世で必要なら、命をちょうだい。そうでないなら、この先はもう成り行きで全然かまいません、と開き直って神様に言いました。ただ、自分では死ぬという感じは、まったくしなかった。

周囲の人たちは泣いたり騒いだりして、弟なんかは『もう終わった』と泣いていたんだけど、わたしには不思議と『違う、まだ生きる』という思いがあって。長年働きづめで体を酷使してきたから、ガンは神様がくれた休息のようなものだろうと感じていたんです」

手術を受け、子宮を全摘したあと、気持ちに変化があった。

「それまで、月に二週間くらい東京や北海道や関西などに行って、残りが高知という生活でした。こちら（荒神社）がおろそかになっていたんですね。体調を崩したことによって、またちょうどコロナが蔓延したこともあって、数ヶ月は高知に足止めになっていた。その間に、やっと自分の気持ちが据わったと感じました。気持ちが神社に据わったんです」

こんな気づきもあったと言う。

「それまでは、『女だから』と言われることが結構あったし、自分にも『わたしは女』という意識がありました。でも子宮をとったら、『もう男も女もない。女云々はもういいわ』という気持ちになりました。女だからとか男だからとかではなく、一人の人間として拝殿で手を合わせるような心もちになったとき、わたしはなんてラッキーなんだろうという思いが込みあげてきたんです。また、どれだけ周囲の人たちに助けられているかも、しみじみと感じました。ガンが授けてくれた気づきです」

こうして神仏や諸霊と人間との間を取り次ぎ、人助けを行うという京さんの役割は、ガンを契機に新たな章に入った。

一般にはまったく知られていない京さんだが、彼女が現にいる世界、またこれから開けてくるだろう世界がさらに広大で豊かなものであることを、筆者は確信している。

次の章からは、京さんが世間の人々にどうしても伝えておきたいと願っている「仏さんの供養」について紹介していきたい。

第二部
京さんが語る
「どうしても伝えたい霊と供養のこと」

仏壇の役割と祀り方

仏壇は仏が行き来する玄関口

仏壇は、仏さんがあの世とこの世を行き来するときの「玄関口」です。普段暮らしている世界は、あの世とこの世で違っているけれど、仏壇という玄関口を通して、仏さんと子孫は顔を合わせ、交流しています。仏壇がないということは、ご先祖さんと子孫の〝常設〟の交流の場がないということです。普段から顔を合わせる機会が、失われるんです。

こう言うと、「先祖霊は、仏壇のあるなしにかかわらず、子孫を守るためにいろいろと働いていると聞いている」と言う方がいます。それも事実ですが、仏壇を通して子孫が仏さんと気持ちのつながりを持っていれば、仏さんはより守護がしやすくなります。普段から仏壇に手を合わせている人は、事故なり病気なり何らかの困った問題が起きたとき、〝ご先祖様からの計らい〟があることは、実地の供養で何度も確認しています。これは確かな事実です。

また、子孫から受ける日々の供養や、子孫の心の成長によって、ご先祖さん自身も、より働きやすくなり、あの世での修行が進みやすくなります。だから仏壇は、絶対にあったほうがいい。仏壇などいらないというのは、生きている者の傲慢だとわたしは思います。

よく、「長男が実家で仏壇を守っているから、うちはいらない」という方がいます。でも、長男だけがご先祖さんとつながっているわけではなく、次男三男、長女次女、みな一人の例外もなくご先祖さんとつながっており、その守護を受けています。だとしたら、仏さんと交流する場である仏壇は、あるに越したことはないんです。

中には、「私は神道を信仰しているから仏壇はいらない」という方がいます。「××教に入ったので、もう仏教はいいんです」と言う未亡人の相談者に、「なぜ神式がいいの？」と尋ねたところ、こう答えました。

「仏教だと年忌法要だのお寺への寄進だの、なにかとお金がかかるし面倒じゃないですか。でも神式だと簡単だし、お金もかからないから」と。仏さんのこと、ご先祖さんのことは一切頭にない。全部自分オンリーです。

この方は神道に宗旨替えをして以後、夫を亡くし、続いて長男を亡くしています。家の男性二人が相次いで亡くなったので、「これは何かあるんじゃないか？」と不安になり、わたしに相談してきたわけで、入信した××教の御利益はさっぱりいただいていません。

なぜそうなっているのかを考えなければいけないのに、考え方の根っこが「自分オンリー」だから、問題に気づくことができないわけです。その方の家の仏さんと話したところ、「嫁が勝手に神道に替えた。俺は納得していない」と、ものすごく怒っていました。

神道を信仰するのは、もちろんいいことです。でも、神道になったから仏教はもういらないというのは違います。特に、他家からお嫁にきた人が、もともと仏教だったその家の宗旨を勝手に神道なり新興宗教なりに替えた場合、その家のご先祖さんたちは、「なんて勝手なことをするんだ」と怒ります。仏さんの世界では通用しない、身勝手な行いなんです。

新宗教で祀ったことで娘が未成仏化したケース

神道系の新宗教を熱心に信仰されている方の相談を受けたときも、やはり供養に問題がありました。

その方の場合も仏壇はなくて、その教団の神様などと一緒に、交通事故で亡くなった娘さんの霊も祀っていたんです。すごく立派な祭壇で、三、四段はありました。掛け軸が掛けられ、三宝に供物があって、生米とか生の大根とかお菓子とかが供えられていました。

にもかかわらず、霊視したら、娘さんが成仏できていないことがすぐに分かりました。この家に帰ってこれず、事故現場にとどまっているんです。そこで「娘さん、成仏していませんよ」と言ったところ、お父さんが激しく怒りだし、お母さんは「娘が亡くなってから、本当に毎日、教団で教えられたとおりに供養してきました。なのに、なんでそんなことを言うんですか？」と詰め寄ってきました。

それはそうだよな、怒るのも無理ないわと思いましたが、成仏していないという事実を伝えないと始まらない。そこで、霊視した娘さんの姿を、見えたままに伝えたんです。「娘さん、ちょっと小太りで、背が低いですね。正座ができなくて、いつも横座りしてましたね。野菜が嫌いでしたね」と言うと、「えっ？」となり、「娘さん、お母さんのハンバーグが好きでしたね」と言ったとたん、お母さんが泣き出しました。

「今、見えているのは、これこれこういう着物を着た成人式のときの姿です。娘さん、『お母さんのハンバーグが食べたい』と言っています」と伝えたところでお母さんが号泣し、最初は怒っていたお父さんも、何も言えなくなりました。こうなったら、もう未成仏を認めるも認めないもない。答えが出ているんです。

その後、娘さんを迎えるためにみなで事故現場に行き、娘さんにお父さんの肩に乗ってもらって、ようやく家に戻りました。亡くなってから七年目です。

仏教から神道に替える際は要注意

脅かすわけではありませんが、仏教から神道に替えたら、最悪の場合、その家の方が亡くなることが本当にあります。特に男性。これは検証済です。

ですから、神道でも新興宗教でも、信仰するのはかまわないけれど、併せて代々やってきた仏教式の供養も続けてください。要は、昔の日本人のように、一家の中に仏壇があって神棚もあって、神様仏様のいずれにも素直に手を合わせ、感謝して暮らすという生き方が一番自然であり、好ましいんです。

日本の場合、たいがいのご先祖さんは仏教です。と言っても、ガチガチの、教学に凝り固まった仏教ではなく、もっとゆるやかな民間信仰の中の仏教です。より正確に言うと、仏教を中心とした神仏混交の信仰です。

自分たちはその仏教を信仰していたのに、子孫の代になっていきなり別のものに替えられ、子孫と交流するための玄関だった仏壇も廃棄されたとなれば、ご先祖さんが困惑し、怒るのは当たり前です。

その結果、自分の気持ちを伝えるために、子孫に障る仏さんもいます。それで困り果ててわたしが呼ばれるということが、とても多いんです。

この場合の障りは、生霊《いきりょう》や動物霊などの障りと違って、自分の訴えに気づいてほしいという仏さんからのメッセージです。子孫を害してやろうとか、迷わせてやろう、苦しめてやろうとかいった目的で起こっているのではありません。

「おまえのここが間違っているから、どうか気づいてくれ」ということを知らせるために、障りという現象が起こるんです（障りについては後述）。

異文化の葬儀が見えた男性のケース

日本人の仏さんは、仏式に一番なじんでいます。葬式にしても、仏壇やお墓にしても、仏教が中心でやってきましたから。

でも、文化が違うと葬式や供養のスタイルも違ってきます。おもしろい例があります。


「体調が悪い」と言って相談にみえたある事業家の方がいました。その方の顔を見たとたん、いきなり葬儀の様子が見えました。

ただし、その葬儀は、日本のものとはまったく違っています。広い斎場みたいなところに唐津の器のようなものがたくさん並べられていて、供物もいろいろあって、ロウソクが派手に灯されて、何か物を燃やしたりして、日本の葬儀の情景とはまったく異なっているんです。

「これ、斎場かなあ?」と言いつつも、唐突に「ぶっちゃけ、日本人じゃないですよね」とその方に尋ねました。

すると、すごく立腹して、「いや、私は日本人です」と言い張りました。日本名を名乗って商売している初対面の人に向かって、いきなりそんなことを言ったら怒り出すのは当たり前で、わたしもそれは分かっているけれど、口が止まらないんです。しゃべるのを止めようとしても、勝手に言葉が出てきてしまう。

それでもなお斎場の情景をしゃべり続けて、「お粥が供物に出されていますね。これ、日本ではやりませんよね」と言ったところで、その方がついに観念して、「そうです。僕は中国人です」と打ち明けました。

この方の体調が良くないのも、わたしがいきなり斎場の場面を見せられたのも、この方の中国の直系のご先祖さん（父方の先祖）が、もっときちんと先祖を祀るようにと警鐘を鳴らしていたんです。実際、彼は「ご先祖さんを供養していない」と告白しました。

異文化の墓が見えた男性のケース

また、ある会社社長さんの相談を受けたときには、変わったお墓がいきなり霊視に現れました。

その方も日本人名で、顔も完全に日本人だけれど、お墓は日本のものじゃない。こんもり土が盛られたドーム状の土饅頭《どまんじゅう》みたいになっていて、枯れた草で覆われていて、その上に十字架とかが立てられている。そうしたお墓が、ポンポンと均等に並んでいるのが見えるんです。

見たこともない知らない墓地なのだけれど、すぐにピンときて、「韓国の方ですか?」と聞きました。

彼も、「何を言ってるんですか。僕は日本人ですよ」と強く否定しました。でも、お墓の情景を詳しく話していったら、「いや先生、実はそれ、父方の祖父のお墓です。おばあちゃんたちの時代に日本に来て、僕は日本で生まれましたが、父方のほうはまだ韓国籍なので、僕も韓国籍なんです」と、ようやく打ち明けてくれました。この方も、父方のご先祖さんの霊が供養を求めて、わたしのところに導いたんです。


これらは中国や韓国の例ですが、欧米だと供養もお墓もまた違ったものになります。そして仏さんとしては、自分が生まれ育った文化で行われていたスタイルが一番なじむし、喜ぶし、求めるんです。

仏さんには、自分も、自分の親も、そのまた親もなじんできた供養の形があります。そのやり方で供養してほしいと願うのが普通で、だから日本人の仏さんは、わたしの関わってきた限りでは、みなさん仏式の供養を喜びます。

仏式と言っても、特定の宗派のやり方というのではありません。仏壇、位牌、灯明、線香、お花、お鈴《りん》、供物《くもつ》という、ごく一般的な形で心を込めて供養すれば、それで十分仏さんに伝わります。

そもそも一般人の多くは、家の宗派が何であれ、その宗派に対する関心や知識は、ほとんどありません。形式よりも心を通じ合わせるのが何より重要なことで、これは国や文化とは関係なく、世界共通なんです。

供養にお金をかけることは不必要

生きているということは、私たちがご先祖さんを背負って生きているということです。何もないところにポンと生まれ出てきて、自分一人で生きているわけではありません。

誰でも例外なくご先祖さんを背負って生きているのだから、与えられた命を粗末にせず、自分の人生を全うすることが、大きな意味で一番の供養になります。

仏壇の前で手を合わせることだけが供養ではないし、仏さんに成仏してもらうために法事を行ったり、墓参りをすることだけが供養なのではありません。それらも立派な供養には違いないけれど、日々、自分の命を全うすることこそが、何より大切な供養になるんです。

よく葬式やお墓に法外なお金をかける人がいます。でも、あれは無意味です。生きている者の見栄と、お寺さんや葬儀社の商売のためにそうしているにすぎず、派手な葬式や高額な戒名代や大きなお墓があったからといって、仏さんは喜びません。

わたしが話した仏さんの中には、「無駄なカネをかけて」と苦情を述べ立てた方もいます。シンプルなお葬式、シンプルな仏壇とお墓で十分で、日々の供養のほうがよほど大切です。

人は、自分は一人で生きているのではなく、ご先祖さんを背負ってともに生きているということを自覚しないといけません。ご先祖さんと一緒に生きているということが、頭ではなく体で分かるようになれば、仏壇を前にしての供養にもピンと一本の筋が通ります。

惰性や習慣でやる心の入らない供養では、何よりご先祖さんが働きにくくなります。あなたに背負われて一緒に生きているご先祖さんは、あなたをよい方向に導こうとして目に見えないところで働いています。

そのことに気づき、感謝して、せっかくもらった自分の命を無駄にせずに、自分が世の中のためにできることにまじめに取り組んでいけば、ご先祖さんはとても働きやすくなるということを、ぜひとも心にとめてください。

戒名は必要ない、生前の名で呼びかけること

戒名については、わたしは「いらない」と考えています。

そう思うようになったきっかけは、父の自殺です。わたしの父は三十三歳のときに自殺しました。なぜ自殺したのかを知りたくて、わたしは何度も父に呼びかけました。

当時のわたしは、〝亡くなれば戒名を受けて仏弟子になる〟というお坊さんの教えをそのまま信じていたので、繰り返し戒名で呼びかけました。

父の姿は、そこにはっきり見えているんです。その父に向かい、浄土真宗の戒名（法名）である「釈××」と呼びかけるんだけれど、うつむいたままいつまでたっても顔を上げない。本当にうんざりして、ふと「お父ちゃん、あのね……」と言い出したら、父が初めて顔を上げて、笑ったんです。「あれっ？　お父ちゃん、『釈何々』じゃ分からないんだ」と気づきました。これが、戒名に対する疑問の芽生えです。

その後、霊媒として仏さんと向き合っていく過程で、同じことを何度も体験しました。

◇◇◇◇◇◇

たとえば大阪の某家の供養のときも、そうでした。供養してほしいと頼まれたのは、施主《せしゅ》のお兄さんです。「兄の戒名代に二百万円かかりました」と弟さんは誇らしげに言い、

◇◇◇◇◇◇

「戒名で供養してやってください」と依頼してきました。このときの霊視は、はっきり覚えています。わたしが弟さんに言ったのはこうです。

「お兄さん、夏に亡くなってるんですね。ステテコ姿が見えています。ステテコ姿で亡くなった。場所はトイレですね。亡くなって一週間から十日ほどして発見されているでしょう。頭に血糊が見えます。どす黒くなってます。内出血していましたね」

お兄さんの最後の様子をリアルに話したら、弟さんがびっくりして「私は立ち会っていないけど、聞いている話のままです」と。

お兄さんは、供養の場にいるのだけれど、戒名で呼びかけても下を向いたまま、まったく反応しないんです。そこで、「××さん（施主）のお兄さんですよね？」と呼びかけると、そこで初めて顔が上がりました。父のときと同じです。

余談になりますが、このとき「お兄さん、何がほしいですか？」と聞いたんです。すると、「どこそこのシュウマイ」「どこそこのパン」「何々という銘柄の酒」というように、具体的に好物を挙げました。こんなことは身内しか知らないことだから、そこでも弟さんはすごく驚いて。

さらに、わたしが「お兄さん、カウンターで、おしゃれな帽子をかぶって、おしゃれな服を着て飲んでますね。財布は白の長財布。すごいおしゃれな方だったんですね」と言うと、弟さんが「それ、うちの兄貴ですわ……」と嘆息しました。

こうした霊視のおかげで彼は納得し、「戒名は要らないから。いつも呼んでいた呼び方で声をかけてください」というわたしのアドバイスを、素直に受け入れてくれました。


わたしはこうした数々の実地の供養を通して、戒名は不要だと確信しました。もちろん仏さんたちの意見も直に聞いています。仏さんがよく言うのは、「戒名で呼びかけられても、声はするけれども自分が呼ばれているとは思わない」ということです。亡くなった方は、いつも呼ばれていた呼びかけをされて初めて、自分が呼ばれていると気づくんです。

あるとき末富先生（長谷地蔵尊住職）から、「梨岡先生よ、あんた戒名どう思う？」と聞かれたことがあります。先生はお寺さんだし、戒名は要らないなんて答えたら怒られるだろうなと一瞬思ったんですが、正直に「なくてもいいと思います」と答えました。

すると先生は笑って、「わしもそう思う」と言いました。霊視の利く先生も、やはり戒名はなくてもいいと思っていたのだと知ったのですが、このときは冷や汗ものでした。

とはいえ、戒名があったほうがいいと思う方は、もちろん戒名をいただいて一向にかまいません。戒名は要らないなどというと、長い付き合いのあるお寺との関係がまずくなるという方もいるでしょう。あえて波風を立てる必要はないけれど、戒名をいただく場合は、値段の高い戒名である必要はまったくありません。

死んで仏弟子になったことを示すのが戒名の役割ですが、金額によって仏弟子のランクに上下の差ができるというのは、タチの悪い笑い話です。今どきの戒名は、亡くなった方のための戒名ではなく、生きている者の商売や見栄のための戒名になってしまっているんです。

戒名のあるなしにかかわらず、仏壇に向かって呼びかけるときは、いつも使っていた呼び方や、その方の俗名で声をかけてください。そうすれば、あなたの声は確実に仏さんに伝わります。

仏壇に必要な仏具とその働き

戒名と同様、仏壇は、別に立派で高価なものである必要はまったくありません。家が狭くて置く場所がないなら、タンスなどの上に置ける小さな仏壇でかまいません。それぞれの住宅事情に合わせた、相応の仏壇で十分用が足ります。

先にお話ししたとおり、仏壇はあの世からご先祖さんがやって来るときの「玄関口」です。そこに仏さんたちが住んでいるわけではありません。だから、お屋敷や宮殿のように豪華なものや、高価で派手なものにするのはまったく無意味です。立派な仏壇に入っているから、あの世の仏さんの位が上がるとか、子孫がより多く功徳をいただけるとかいったことは、一切ありません。

仏壇には「位牌」「灯明」「お花」「線香」「お鈴」があれば十分です。順に説明していきます。

位牌　仏さんのために不可欠な指定席

まず位牌ですが、これはあの世からやって来る仏さんの指定席です。あなたのために用意した席はここですよ、ここに座って供養を受けてくださいとお知らせするために、仏壇に位牌を置くんです。

位牌がないと、やって来た仏さんは自分の席がないことになります。特に、水子の位牌はないことが多いですが、他の仏さん同様、水子も席をほしいと思っています。できるものなら、水子の指定席も作ってあげてください。

また、両親や祖父母は、それぞれ独立した位牌があったほうがよく、それより古い仏さんは、「××家先祖代々之霊位」といった一基の位牌にまとめてかまいません。身内が亡くなって新たに位牌を作り、仏壇にお祀りするときは、新仏の位牌とあわせて先祖代々の位牌もセットで作ることをお勧めします。

この本を書いていただいている不二龍彦さんによれば、位牌は日本古代の神霊の「依《よ》代《り》」が原型で、その依代に中国から伝わった儒教の「神主《しんしゅ》」（死者の官位や姓名を書く霊《れい》牌《はい》）が組み合わさってできたものだそうです。

依代というのは、やってくる神様にそこにお座りいただくための物品のことで、つまり指定席のことです。それは、特別に用意した樹木や枝、幣、石、鏡、刀、衣服などを指します。

神様がお下りになる依代は指定席となっているので、該当する神様以外の神霊や精霊などが勝手に据わることは許されません。位牌というのはこの依代と同じで、名が記されている仏さんしか座れません。

だから、位牌が必要なんです。戒名はなくてもいいけれど、位牌はなければいけません。

必ず作ってください。

なお、浄土真宗では位牌はなく、仏さんの法名・俗名・命日などを記した過去帳を位牌代わりとしていますが、過去帳は単なるメモ帳で、位牌ではありません。位牌の代わりにはならないので、特に注意しておきます。

位牌の表には、通常は「戒名」が記されます。ただ先にお話したとおり、戒名はなくてもかまわないので、戒名は不要だと思われる方は、俗名を記した位牌を作ればよいでしょう。俗名の位牌だからといって、何か霊的なトラブルが起こるということはありません。

もちろん、すでに戒名を記した位牌をお祀りしているのであれば、そのままお祀りしていただいて結構です。ただしその場合も、仏さんに呼びかけるとき、拝むときは、普段から使っていた呼称や俗名にしてください。

灯明　電気式ではなく、ロウソクの灯でないと意味がない

これは、仏さんを自分の家に導く明かりという役割があります。

「あの世から見たら、この世は暗い」と仏さんたちは言います。向こうから見たら、人間世界は暗がりに見えるのだそうです。

けれども灯明があれば、ご先祖さんは「どこが自分の家か分かる」と言います。だから灯明は、必要なんです。

灯明は、左右一対で置いてください。灯明と灯明の間が「玄関に通じる通路」に相当します。われわれの世界で言えば門灯です。仏さんは、この灯明を目印にしてやって来て、自分の指定席である位牌に着くんです。

灯明で注意したいのは、電気式は避けてほしいということです。今は電気式の灯明がたくさんあり、仏具屋さんも、「火事の心配もないし、ロウソクを補充する必要もないからいいですよ」と勧めます。でも仏さんたちは、電気の灯明の光は「見えない」と言うんです。なぜ見えないのか、こればかりは自分が仏さんになってみないと分からないことですが、とにかく「あれは光が見えない」と言って喜ばない。

その点、ロウソクの光は「すごく赤々と燃えて明るく見える」と言います。ロウソクにしてくれというのは、仏さん側の希望なんです。

花　仏さんへのもてなしと魔除けのために

供花は仏さんへのもてなしであるとともに、玄関口の「魔除け」です。

きれいなものには、魔物などの汚れたものは寄ってきません。よく仏事に用いるシキミ（樒）も同じです。だから、お花を供えるわけです。

お花は生花に限ります。仏壇用のさまざまな造花が売られていますが、仏さんからは手抜きをしているように見られます。また、造花には生花が持っている魔除けの働きはありません。いくらうまくできていても、死物です。生花のような生きた働きをしません。だから、仏壇に造花を飾っても、まったく無意味なんです。

ついでに言っておくと、蝋でできた食品サンプルのビールが、仏具屋さんで売られています。そんなものを供えられて喜ぶ仏さんがいるかどうか、言うまでもなく分かるはずです。あれなら何も供えないほうが、まだましです。

線香　魔除けと場の浄化のために

線香はお花と同じく「魔除け」の力があり、香りが仏さんの供養にもなるし、場の浄化にもなります。

たとえば変な人がくると、生臭い臭いがするものですが、それも線香を上げることによって消されます。

また、線香の燃え方によって仏さんがメッセージを伝えてくれることもあります。「八尾の供養」（75ページ参照）などはその例です。

お鈴　先祖に想いを知らせる呼び鈴として

これは、この世でいう「呼び鈴」にあたります。

あるテレビ番組で、「お鈴は住職が鳴らすものだから、家人は鳴らさなくてもよい」と言っているのを見たことがありますが、とんでもないことです。こうした実態とかけ離れた霊界関係の話を、たまにテレビなどで見かけます。本人は何も見えず、仏さんと直にやりとりもしていないことが一目瞭然です。

お鈴には、それを鳴らすことによって、「ここがあなたの家ですよ」「ここで祈っていますよ」「この供物を召し上がってください」などと仏さんに知らせる役割があります。また、お鈴の澄んだ音色は、きれいな花と同じく場を清めたり、汚れたものを遠ざける働きもあります。

だからお鈴を鳴らすのは、いつも供養している家人の役割に決まっているんです。家人はお鈴を鳴らさなくてもよいなどというのは、実際の仏さんを知らない人の誤った思い込みです。

仏壇の置き場所は居間がベスト

このように一つひとつ説明していくと分かってもらえると思いますが、仏壇には本当に大きな役割があります。仏壇を祀ることで、そこに「あの世とこの世の境界になる結界」が生まれるんです。

だから仏壇は、家族みんなが集まる居間に置くのが最良です。居間にあれば、家族の誰もが気軽に仏さんに話しかけられます。何か珍しいものやおいしいものがあるとき、祝い事があったときなどは、さっとご先祖さんにお供えすることができるし、帰宅した者がすぐ手を合わせることもできます。居間に仏壇を置くことで、仏さんを大切にする習慣が、自然と身につきます。

ご先祖さんのほうも、居間に仏壇があれば、子孫の顔をいつでも見ることができます。仏壇をとおして子孫と交流している仏さんは、目に見えていないだけで、まさに家族の一員なんです。

昔の家には仏間があって、仏間に続く次の間も開け放した状態で、冠婚葬祭をやっていたので、仏さんも参加できました。今の家は住宅事情が変わって仏間がありませんから、置けるスペースが確保できるのなら、居間に置くのが一番です。

「いつもご先祖さんと一緒に暮らしているんだ」「ご先祖さんも含めた家族で暮らしているんだ」「ご先祖さんに守られて今の自分たちがいるんだ」という感謝の気持ちを育ててくれるのも、仏壇の大きな役割です。

こうして祀られていると、仏さんのほうも徳が上がっていきます。ですから、何を信仰するにせよ、仏壇は祀ってほしいんです。

仏の供養のために仏壇に置くとよいもの

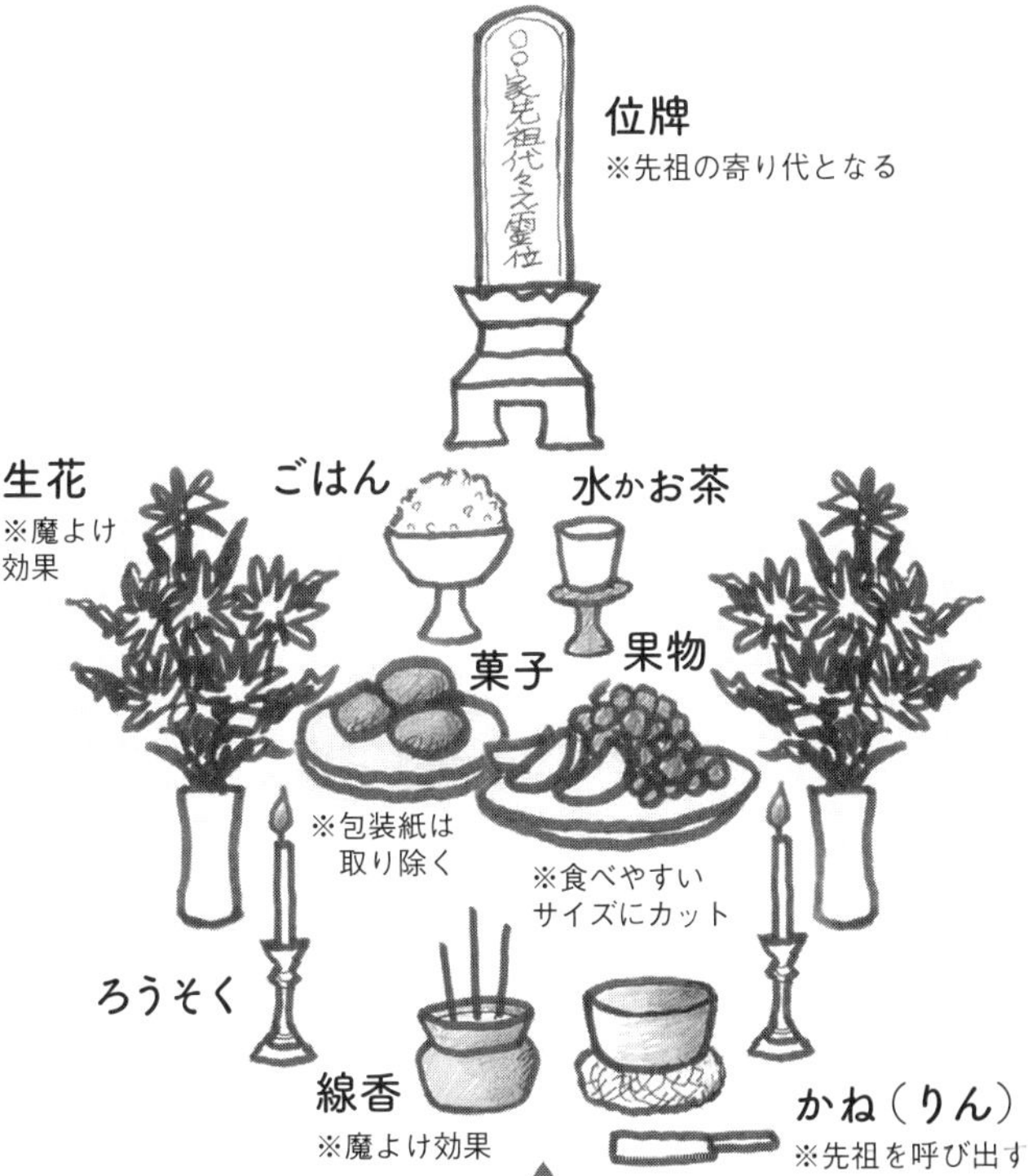

京さんからのアドバイス

- 仏壇は仏さんがやって来る場所なので、シンプルにしておいてください。
- 仏壇の中に置く物は、位牌、灯明、線香、花、掛軸など、必要最低限にしましょう。
- 供物の仏飯などはいつまでも上げておかず、10分程度で下げましょう。
- 写真や思い出の品、置物は入れないようにしてください。

成仏のための葬式と供養のポイント

亡くなったら必ず自宅へ連れて帰る

今の時代は、ほとんどの方が病院で亡くなります。亡くなったら遺体を自宅に連れて帰り、自宅で過ごしてもらったあと、斎場に移して葬儀・納棺し、火葬場で荼毘《だび》に付すという流れが一般的だと思います。

中には、家ではなく葬儀社が用意した安置所に遺体を移し、そこから葬儀・火葬という簡略化されたやり方も行われています。

でも、何らかの理由でどうしても無理というのでない限り、遺体は一度、自宅に連れ帰ってあげてください。病院で亡くなった仏さんは、何より「家に帰りたい」と思っているからです。

不必要な行為が多すぎる今どきの葬儀

葬儀は、今どきは葬儀社がすべてを取り仕切って行うのが一般的ですが、わたしには納得できないことがたくさんありすぎます。

たとえば、湯灌《ゆかん》。病院で亡くなった人は、病院側が体をきれいに清拭《せいしき》してくれますし、鼻に綿を詰めるなどの処置もしてくれます。それなのに、葬儀社は「納棺の前に、お風呂に入れさせていただきます」などと言って、湯灌をやり直す。わたしが聞いた葬式では、「それだけで八万円請求された」と言っていました。

葬式は、お棺があって、仏さんを供養する線香とロウソクがあって、ご飯とお茶とお花が供えられていれば、それで十分です。むしろシンプルなほうがいい。大切なのは、送る側の気持ちなんです。

はっきり言って、今の葬儀は不要なパフォーマンスの度が過ぎます。

たとえば納棺の際、遺体に布団や着物をかけるのだけれど、そんなにかけてどうするのと思います。お棺にしても祭壇や骨壺にしても、あるいは供花、お供物などにしても、そんな高価なものは必要ないだろうというものがあまりにも多い。

気持ちが動転している遺族に、お金をかけて立派な葬式で故人を送ってやるのが供養だと思い込ませるようになっていて、業者のいいなりで費用が積み重なっていくのが現代の葬式です。そもそも仏さんについて、業者自身が知らなすぎるんです。

世間の目を意識した遺族の見栄という要素もありますが、いずれにせよ、故人のためというより、生きている者のための葬式というのが実態で、わたしから見たらまったく無意味です。

お金を稼ぐためのパフォーマンスには熱心なのに、肝心の供養の心のほうは平気でおろそかにしている点も、とても気になります。叔母の葬儀に参列したときは、仏さんにお供えする仏飯がカピカピに乾いていて、一目で分かる〝使い回し〟でした。あんまりだと思い、斎場の係員に「これ、前の人のときに使ったものじゃないですか？」と聞いたら、悪びれもせず「はい」と答えました。必要のないパフォーマンスはせっせとやるのに、肝心の仏さんへの供物がこれでは、本末転倒であきれるしかありません。

お坊さんも、今どきは業者が手配した「派遣僧侶」というケースが多く、故人とは縁もゆかりもない人が、ただ建前だけでお経を読んで説教している。これも、みせかけの供養です。

親鸞《しんらん》さんは、自分が死んだら亡骸《なきがら》は賀茂川にでも捨てて魚に与えてやれと、常におっしゃっていたそうです。今日ではもちろんこんなことはできませんが、そもそも大げさな葬式などは、本来必要ないんです。

不二注＝親鸞の曾孫である覚如《かくにょ》上人の『改邪鈔《がいじゃしょう》』に、親鸞の言葉として「親鸞閉眼せば賀茂河にいれて魚に与うべし」とあり、「葬喪《そうそう》（葬儀）を一大事とすべきにあらず。もっとも停止《ちょうじ》すべし」という覚如の言葉も記されている。

葬儀や四十九日は縁のある人たちが故人を偲ぶ

葬儀で大切なのは、さまざまなパフォーマンスではなく、故人と縁のあった人たちが一堂に集まって、みなで法事の食事をいただきながら、仏さんを偲ぶことです。

普段なら顔を合わせることのない親戚や知人を、仏さんが一堂に集めているんです。だから、そこで一緒にお酒を飲んだり食事をしたりしながら故人を偲び、自分も含めた仏さんの人生を振り返りながら、故人の成仏を祈る。これが、なによりの供養になります。

四十九日の法要も同じです。やはり縁ある人が集まって供養すると、仏さんは喜びます。仏さんとしても、あの世に移行しなければならない気持ちが、だんだんできていきます。

四十九日の間、だいたいの仏さんは、そのまま家にいます。敏感な人は、まだ家にいる仏さんを、何となく感じているはずです。

だから四十九日の法要は、とても大切です。葬式の日に、四十九日の法要や一周忌の法要を併せて済ませてしまうのは、いくらそのほうが経済的だからといっても、論外です。

その後に続く「年忌法要」も、やったほうがいい。その際、どうしてもお寺さんを呼ばなくてはいけないということはありません。近親者だけで集まってみなで手を合わせ、故人を偲び、仏さんとともに法要の飲食をするという形でも、一向にかまいません。それが仏さんへの回向になり、生きている側の功徳にもなるんです。

なお、年忌法要や祥月命日などの法事の日取りは、命日より前倒しで行うのはかまいませんが、遅れて行うのはよくないので避けてください。

仏さんが喜ぶ供物は生前の好物

仏さんを供養する際、とても重要なのが供物です。なぜかというと、神様と違って、仏さんは供物を食べたがるし、実際に食べるからです。

肉体を持っていたときの「食べたい」という欲求は、死んでもなかなか消えません。そこで仏さんは、供物の気を吸って、食べたいという思いを満たすんです。

仏さんのすべてがそうだというわけではありませんが、現世に対する思いがまだ強く残っている仏さんは、「あれが食べたい」「これを飲みたい」とはっきり訴えてきます。最近亡くなった仏さんだから現世への思いが強く残っていると考えがちだけれど、そんな簡単な話ではありません。江戸時代、あるいはそれ以前の古い時代の仏さんでも、そうした方はいくらでもいます。

その人たちの訴えを、わたしはたくさん聞いています。霊界には時間がないので、成仏しない限り、生きていたときの欲求や執着がそのまま続くんです。

だから、日々のお供えはとても大切な供養になります。毎朝上げるのは白飯とお茶くらいでいいですが、命日やお盆やお彼岸など節目の日には、みなさんが口にするものは、何でもお供えしてください。仏壇の仏さんが生前好きだったものが分かっているなら、それを上げると、とても喜びます。

なお、白飯は炊きたてのものにしてください。冷や飯、残り飯はいけません。

お供えに関して、肉や魚は上げてはいけないと思っている方がたくさんいます。檀家さんにそう教えているお坊さんもいます。でも、実際に仏さんと話すと分かりますが、肉や魚が好きだった仏さんは、それらをほしがります。先にお話ししたように、「お母さんの作ったハンバーグを食べたい」と訴えた仏さんもいます。

仏さんの要求は、実に変化に富んでいます。鮎の甘露煮、シギの実のお焼き（仏さんは、実の殻をとって炒って潰して練り上げたお焼き、と作り方まで細かく説明しました）、鯨の刺身、鰹のタタキ、自家製のどぶろく（仏さん自身が生前作っていたもの）、ブランデーなど、実にさまざまなものを「食べたい」「飲みたい」と伝えてきます。

日本酒だと、銘柄や甘口・辛口の指定があったり、注ぎ方を指定されたこともあります。供養の際、ある仏さんが「お酒をほしい」というので、最初ちょっと上品に注ぎました。すると仏さんから、「なみなみ注いでくれ」とすぐに注文がきました。それで、溢れるぎりぎりのところまで注ぎ足したら、それを見た家族の人が、「そうなんです。いつもこういうふうでないと気が済まない人だったから」と喜ばれて。家族しか知らないことを、仏さんは言ってくるんです。

仏さんがほしがるのは、自分の好物だったり、思い出の味だったものです。わたしは仏さんから言われたとおりに、それを家人に伝えます。仏さんの言う食べたいものが、具体的にどんなものなのかわたしに分からないときもありますが、家族はピンときます。そうして、たしかに亡くなった誰それが来ているのだと納得し、感動されるんです。

肉類や魚類などを上げて、障りが出た例はひとつもありません。逆に、仏さんから「ありがとう」と喜ばれます。これが現実なんです。

お供えするものは、そのまま食べられる状態に

お供えするにあたって特に注意してほしいのは、われわれが食べるのと同じ状態でお供えするということです。

箱に入ったお菓子なら、箱から出し、個包装もとって、口に入れられる形でお供えします。果物なら、ちゃんと皮をむくなり切り分けるなどしてお供えし、麺類なら茹でたものをお供えします。これはとても大切なことなので、しっかり守ってください。

よく、お土産を箱ごと仏壇に供えたり、果物をまるごと供えている家がありますが、それでは仏さんに届きません。

会話した仏さんの中には、「気持ちは嬉しいし、気持ちは受け取った。でも自分の口に

は入っていない」という方がいました。また、「あんなもの見せびらかしだ」と、はっきり文句を言う仏さんもいました。そのときはお孫さんがお土産で買ってきた讃岐うどんが、箱のまま仏壇にお供えされていたんです。

十分くらいで供物を下げて後処理を

仏壇にお供えした食べ物は、長々上げておく必要はありません。だいたい十分くらいたったら、下げてかまいません。

霊能者によっては、仏さんに上げたものはすべて捨てるように言っていますが、ものによりけりです。果物だのお酒だのは、上げたあとはひどく不味くなり、特に果物は食べられたものではないので処分してかまいません。ビールも気が抜けてひどく不味くなるので飲めません。

ただし、仏飯だけは不思議と甘くおいしくなります。理由は分かりません。でもおいしくなるのだから、仏さんからのおすそ分けとして、有難くいただければいい。仏飯に関しては、わたしはいただきます。

神道式で祀った仏さんにはお供えが届きにくい

神式で祀られている仏さんについては、どうしても言っておきたいことがあります。
神式だと、生米だの生の野菜だのが三宝に乗せられて、仏さんにお供えされています。あれを見ると、わたしは「仏さん、気の毒だな」と思います。その供え方では、仏さんに届かないからです。

神様であれば、生米や生野菜でいいんです。栓をされたままのお酒でも、喜んで受け取ってくださいます。人間の霊とは違うんです。そうして神様にお供えしたあと、氏子たちが集まって、直会《なおらい》で歓談しながら神様からのお下がりを和気藹々といただいている姿を、神様は喜んで見守ってくださいます。

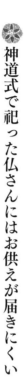

でも、人間の仏さんは、先に言ったとおり自分で食べるので、生米も生野菜も箱ごとの供物も食べられません。お酒なら、ビンごと上げてはダメで、コップに注がないと飲めません。神様と人間の仏さんはまったく違うということを知ってください。

神道を信仰しているある依頼者と話をしていたら、彼女が「人間は亡くなったら神様になる」と主張しました。「人間は神様にはなりませんよ」とわたしが言うと、「でも、それが神道の教えだから」と彼女は言うんです。

じゃあなぜ仏さんが、あれを食べたい、これを食べたいとか、供物が届いていないとか言ってくるのか？　生きている子孫に訴えるために、障りのような現象を起こして意志を伝えようとするのか？　そこを考えてもらわないといけません。

教えがどうであれ、わたしは現実を見て話をしています。わたしの言うことは、理屈ではなく、現実の霊の世界です。そうしたことをお話すると、まじめに神道を信仰してきた人ほど悩んだり葛藤します。そのような方は、ぜひ考え方を切り替えてください。

神道は神道で素晴らしいものがたくさんあります。わたし自身、神仏ともに信仰していますし、三宝荒神様のお社に奉仕もしています。だから、けっして神道をおろそかに考えているわけではありません。でも、亡くなったら神道も仏教も同じです。そこに気づいてほしいんです。

突然死した人を成仏させるには

どうしてもお伝えしておかなければならないのは、事故死や急死など、「突然死した人の葬式」についてです。

突然死した人は、自分が死んだということに気づけず、死んだ場所にとどまっているケースがたくさんあります。そうすると、遺体だけ持ち帰って葬式を上げたとしても、魂はそこに来ていないということが、現実に起こるんです（61・115ページ参照）。

そろそろお迎えが来るだろうと感じているおじいちゃんやおばあちゃん、病気などで死を覚悟した人などは、死を自覚するので、魂はちゃんと葬儀の場に来ています。

また、自殺者も、自分で死ぬ決意をして死んでいるので、死が自覚できずに魂が現場にとどまるということはありません（ただし、成仏できるかどうかは別問題です）。

けれども、交通事故とか心筋梗塞とか脳梗塞とか、自分でも分からないうちに突然亡くなった人は、そこで時間が止まってしまいます。そのため、亡くなった場所に居続けます。

そうして、「これから孫や娘の出産がある」とか、「子どもの入学式に行かなくては」とか、「仕事で大事な調印式があるから急いで出社しなくては」「子どもや孫が家で待っている」とか、生きていたときの思いをそのまま抱え続けて、いつまでも悶々と苦しんだり悩んだりしているんです。

こうした仏さんは時間が止まっているので、救いがない限り、その状態が何年でも何十年でも続きます。これは全部、事実です。わたしは何度もそうした場に立ち会い、仏さんとも話し合い、家に帰ってもらっています。

ですから、突然死した人の葬式で何より重要なのは、そうやって迷ってる仏さんの魂に、自分は亡くなったんだということをしっかり自覚してもらい、ちゃんと家まで連れ帰ったうえで、しっかり供養してあげることです。

仏さんの遺体があっても、魂がその場にいない葬式は、あまり意味はありません。遺体はただの抜け殻です。

葬式で過剰に飾り立てるなど演出にお金をかけてもさして意味がないということは、このことからも分かってもらえると思います。親鸞上人がおっしゃったように、極端なことを言えば、魂の抜け殻の遺体は魚にあげてしまってもいいんです（ただしこれは、親鸞上人のように心が定まった方だから言えることで、普通の仏さんの中には遺体に執着する方もいるので、遺体は粗末に扱うべきではありません）。

自宅以外で突然死した人の葬式をあげる場合、まず、魂を家に連れ帰ることを第一に考えてください。

家人が事故現場などに行って仏さんに呼びかけ、連れ帰ることもできないことではありません。そうやって連れ帰った実例もあります。また、霊界のことが分かるお坊さんや行者さんなどと一緒に現場に行って、連れ帰るという方法もあります。

そのうえで、仏さんに、「あなたはもう亡くなったのだ」「あとのこと、遺された者のことなどは心配いらない」ということを繰り返し語りかけ、心を込めて供養し、特に四十九日の間は欠かさず行うことです。

これを実践したところ、ようやく自分の死を自覚した仏さんが、姿を見せた例もあります。

故人の気配がするのは成仏していない証拠

仏さんの多くは四十九日までは家にいると言いましたが、それを過ぎて、いつまでも家の中に仏さんの気配があるのはよいことではありません。

霊能者でなくても、敏感な人は仏さんの気配を感じます。「仏さんの使っていた部屋から何かカサカサと物音がする」とか、「夜中、寝ていると階段を上がり下りする足音が聞こえる」とか、「身辺に誰かいるような気配がする」とかいった現象で、四十九日の間には特によくあるものですが、一回忌が過ぎても三回忌や五回忌を過ぎても、まだ気配があるのは問題です。仏さんがきちんとあの世に行けていないからです。

中途半端な霊能者の中には、「気配があるのはその人を見守ってくれているということで、いいことなんです」と言う人がいます。そんな言葉を聞くと、わたしは「何言ってんのよ」と、思わず腹が立ってしまいます。そうではないんです。

人は死んであの世に誕生したら、あの世の修行に入らなければなりません。これは霊界の決まり事です。現世でいくら地位や権力や財力があったとしても、それらはあの世では通用しません。あの世で成長していくために、みな修行に入るんです。

いつまでも現世でうろうろしている仏さんは、いつまでも修行に入れず、迷っている仏さんです。それは仏さん自身にとっても遺族にとっても、少しもよいことではありません。

供養の目的のひとつは、こうして迷っている仏さんの背中を押して、あの世での修行に移ってもらうよう支援することです。仏さんに手を合わせながら、「こちらのことは心配しないでいいから」と言ってあげるなどして、現世への思いを断ち切ってあげることが、とても大切です。

思いが断ち切れない間は、仏さんは成仏できません。命日はあの世における仏さんの誕生日に相当しますが、成仏できない仏さんは、きちんとあの世に誕生することができず、生前時をひきずって家の周囲をうろついたり、中にはすさまじいラップ現象や憑依現象を起こす方もいます。救援を求められて行った家で、そうしたラップ現象を体験したことは何度もあります。

あの世での修行が進んだ仏さんは、たしかに子孫を守るために働いてくれていますが、そうした仏さんは、普段から気配を感じさせるような不自然なことはしません。

子孫が何らかの大問題にぶつかったとき、さりげなく背後で働いて、大難が小難に、小難が無難になるよう働いてくださいます。露骨に気配を感じさせるようなことはしません。縁の下の力持ちのように、目に見えないところで働いてくださり、子孫をどうにかして気づきへと導いてくださるんです。

浄化されて守護するようになった仏さんの働きは、本当に自然と頭が下がるような奥ゆかしいものです。自分はここにいるよと露骨に気配を感じさせるようなやり方は、特段の理由がない限り、することはありません。

周囲をうろついてアピールしてくるのは、まだ成仏できない証拠なので、「自分を守ってくれている」などといった思い違いをせず、仏さんの成仏を手助けするよう努めなければなりません。それをするのが、供養の大きな目的なのだと理解してください。

嫁いでも一番守護してくれるのは実家の先祖

供養に関する間違った考え方は、ほかにもあります。

「嫁いだ女性は嫁ぎ先のご先祖を祀るべきで、実家のほうの供養は特にしなくてもよい」と言う方がいますが、これも大間違いです。結婚して他家に入っても、たとえば病気をしたとき、まず第一にお嫁さんを守ってくれるのは、婚家ではなく、実家のご先祖さんだからです。

おもしろいもので、嫁ぎ先で生まれた子の守護は、夫の側のご先祖さんが行ってくださいます。ところが妻のほうは、まず第一に実家のご先祖さんが守護についてくださっているんです。そのことに対する感謝を忘れてよいわけはありません。実家の法事に参加したり、供養するのは当然の勤めなんです。

第一部でご紹介した、わたしの妊娠出産の際、「まともな出産は難しい」と危ぶむお医者さんの意見を容れず、出産に踏み切れたのは、曾祖母の守護のおかげでした。梨岡家の嫁として妊娠し、出産したのですが、守護するために働いてくれたのは、実家である池内家の曾祖母だったんです。

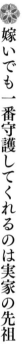

霊的な目で見ると、特にお嫁さんが病気になったとき、実家のご先祖さんが働いて、大難は小難に、小難は無難になるよう守ってくれているのが分かります。

ですから、お嫁さんは、嫁ぎ先のご先祖さんの供養とあわせて、実家のご先祖さんの供養も行ってください。感謝することを忘れないでください。

また旦那さんも、奥さんの実家のご先祖さんの年忌法要などには、積極的に参加すべきです。大切な妻を蔭から守ってくれているのに、自分や自分の両親にさっぱり感謝の気持ちがなく、お嫁さんの実家のご先祖さんを無視しているというのでは、人間性が疑われてもしかたありません。

そんなことを続けていると、そのうちなんらかの形でその家に問題が生じてきます。ところが、そうした旦那さんが世間には結構いて、それでいいと思っている奥さんも多いんです。

信仰心があり、自分はよく神社仏閣にお参りしているという方の中にも、妻方の実家の法事には参加していない方が結構います。神社仏閣にお詣りするのは、もちろんいいことです。でも、まずはご先祖さんに手を合わせて日々のご守護に感謝するのが、人として第一にするべきことです。

ペットの供養にはいくつもの注意が必要

わたしも犬を飼っていましたから、ペットは家族同然だと言う方の気持ちはとてもよく分かります。けれども、死んだペットを人間と同じ扱いで供養することには不賛成です。極端なケースだと、人間の霊園にペットの骨を入れたり、仏壇に入れたりする方がいますが、もってのほかで、絶対にやってはいけません。

人間とペットでは、持って生まれた魂そのものが違います。ペットはあくまで四つ足動物で、人間と一緒にはできないんです。

ペットが死んだら、自然に戻してあげるのが一番です。山など埋める場所があれば、そこに埋めて土に還してやります。散骨もとてもよい方法です。

今はペット霊園というものがありますが、わたしは意味があるとは思っていません。飼い主の気が済むという点では意味があるので、ペット霊園に骨を納めるのは自由ですが、そのような霊園に入れたからといって、死んだペットが喜ぶわけではありません。

ペットが死んだら、早く忘れてあげることが一番の供養になります。ペットに対する思いを引きずっていて、よいことはひとつもありません。

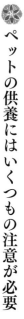

まれなケースですが、ペットが飼い主に憑くこともあります。そうした例を、わたしは一度経験しています。

親しくしている荒神社の信者さんが、いとことそのお母さんを連れて、三人で神社に来ました。「このところ体調がひどく悪い。意識を失ったり、倒れて顔を打ったりして、救急車で二回運ばれた」と。このままでは死ぬのではないかと心配になり、わたしを訪ねて来たわけです。

いとこさんはいかにもしんどそうで、社務所に入ってくるなり、「ちょっとすみません。僕、普段はこんなんじゃないですが……」と言いながら、座布団を枕にいきなりごろんと横になって、もう動けなくなりました。本人は「すみません、すみません。こんなふうじゃないんですが……」と申しわけなさそうに謝るのだけれど、本当に動けないでいます。

彼を連れてきた信者さんやお母さんは、親族の霊が憑いたのではないかと思ったようですが、ふと霊視すると、彼の足元に茶色い犬が、がっしりしがみついています。

「これ、犬やわ。犬、飼ってませんでした？」と聞くと、お母さんがびっくりして「どんな犬ですか？」と尋ねてきました。

「茶色い、これこれの犬です」と見たままを言ったら、お母さんが紹介者の信者さんに「まさか！　おっちゃん（の霊）かと思ったら違う。マルが出てきてん」と泣き出しました。

マルというのはいとこさんが子ども時代に飼っていた犬の名で、小学生のとき、引っ越しするのでおばあさんに預けたそうです。いとこさんはこの犬が大好きで、アルバムにあったマルの写真を今も玄関に飾っていて、出かけるときなどには「マル、行ってくるね」とか、いろいろ話しかけてきたと言います。

「普段、車を運転しているときとか、犬の気配を感じなかった？」と聞くと、「ありました」と即答しました。

彼がいつまでも犬のことを心から離さないでいるから、犬が引き寄せられて彼にしがみついていて、足にしがみつかれているから、動けなくなったり、突然倒れたりしていたんです。

いとこさんには、「犬に語りかけたりするのはただちに止めるように。犬の写真とか思い出の残っているものも、すべて燃やしてください」と言いました。それで、塩でお祓いをし、「これで一回様子を見ましょう」と言ってその場は終えましたが、その後、体調が戻り、障りはおさまったようです。

　これは珍しい例だと思いますが、飼い主がいつまでもペットに執着していると、こうしたことも起こるのだということを知ってください。生きているときペットをかわいがるのはいいですが、死んだら自然に還してやり、忘れてあげるのが、ペットに対する何よりの供養です。

　なお、「死んだペットが飼い主や家を守ってくれている」などという人がいますが、そんなことはないと断言しておきます。そもそも犬や猫の霊力は、人を守護できるほど強いものではありません。

　ペットの霊が守ってくれているなどと考えること自体、ペットへの執着となり、飼い主にも死んだペットにもよいことはないんです。

遺骨とお墓の新常識

立派な墓がいいとは限らない

火葬を終えたら、次は納骨ということになります。家のお墓がある方はいいけれど、新たに作らなければならないという方もたくさんいるでしょう。

でも、経済的な事情などで、どうしてもすぐに作るのは無理という方は、お墓は後でいいので、仏壇だけは用意してください。仏壇を買うのも難しいなら、位牌だけでかまいません。遺族が手を合わせて供養する対象が要るんです。

新たにお墓を作るときの考え方を、ご説明します。

形・色・素材　ごく一般的なシンプルなものに

ごく普通の一般的なお墓が一番です。台座の上に長方形の棹《さお》が載せられた、最も普通に見られるタイプのお墓で、色は自然なシルバーがよいです。黒色はお勧めできません。石も一般的な御影石《みかげいし》がよく、凝る必要はまったくありません。

大きさ・デザイン　奇をてらったものは血筋に支障が

仏壇と同様、家柄や財力を誇示するような大きなお墓や、変わったスタイルの奇抜なお墓を建てる方もいますが、お墓が大きくて立派だからといって、代々その家が繁栄するかと言えば、そんなことはありません。

わたしの地元も大きな墓が多いのだけれど、どこかの段階で血筋が絶えてしまうということが結構あります。

◇◇◇◇◇◇

以前、木更津に行ったとき、「先生、ちょっと見てやってください」と言われてお墓に案内されたことがあります。「一千万円かかりました」と言うんですね。それが自慢なの

◇◇◇◇◇◇

か、たしかにすごく立派なお墓でした。でも、ダメ出しの連発になってしまいました。

まず、お墓にぐるっと囲いがあり、チェーンを回してしっかり鍵までかけています。墓が封鎖されているため、自由に墓参りすることができません。仏さんは墓参りをとても喜ぶのですが、子孫がそれに制限をかけているわけです。

墓の素材も問題です。お墓から、縁石から、敷石から、お骨を入れる納骨棺（カロート）から、すべてがセメント製。その中にお骨が納められているため、お骨は土に還れません。セメントで固めた中にお骨を納めておくと、その家に「喘息を患う人」が出てきます。人間というのは、亡くなったら土と一緒なんです。土に還るのが自然なことで、いつまでも土に還れない状態にしておくと、仏さんは真綿で首を締められたような感じで苦しむことになります。

そうした仏さんが、苦境を訴えようとして子孫に関わってくると、「障り」と呼ばれる現象が出てきます。喘息はその表れです。「自分はこのように苦しい思いをしているのだから、どうにかしてくれ」と訴えているわけです。

木更津の方のお墓には、ほかにも問題がありました。自分のところのお墓の周りにご先祖さんの墓石を運んで並べており、ご先祖さんが大きなお墓に〝右にならえ〟をした格好になっていて、仏さんの序列が間違っているんです。

ご先祖さんたちの墓を移して運んでくるときは、きちんとしたやり方をする必要がありますし、新しい墓の側に移すなら、その後ろにちゃんと順番に並べていかなくてはいけません。また、万が一、移し忘れて放置したままのお墓があると、障りの原因になりますが、そうした配慮は一切なされていません。すべてが自己流です。

さらに、これだけのお墓を作っていながら、水子さんのお墓がない。水子がいることは、わたしには見えているわけです。それでそのことを彼に言うと、「僕は水子はないです」と断言します。そこに奥さんが割りこんできて、「先生、よく言ってくれました。いるんですよ。この人はやりっぱなしだから、知らないけど」と。

そこでわたしも、「水子さんの供養をする場所、要りますよ」と念を押しました。みかけがいくら立派でも、これではだめです。

納骨堂はケースバイケース

こうした見かけだけ立派なお墓を作るくらいなら、納骨堂のほうがまだましです。

納骨堂だとお骨は土に還らないので、その点はマイナスですが、管理しているお寺さんがちゃんと供養してくれますし、お参りしたい人は季節も時間も関係なく来たいときに来て、拝むことができます。

東北とか北海道のように雪深いところだと、お墓が雪に埋もれる冬は墓参りができないけれど、建物の中にある納骨堂なら、いつでもお参りできるので、考え方によっては、むしろこのほうがいいとも言えます。

もちろん、土の上にお墓を建てることができるなら、そのほうがいいですが、それが遠く離れた場所で、めったにお墓参りに行けないというなら、近くの納骨堂のほうがいい。理想を言えば、自分の家の近くにお墓を設けるのが最良ですが、その方の事情次第で、納骨堂も検討の対象にしてよいと思います。

お墓のことで相談を受けることがたまにあり、〝セメントはやめたほうがいい〟とか、〝墓の棹石に水滴が垂れるような木の枝がかかっていたらいけない〟といった心霊に関わることは、お寺さんも霊園も言ってくれないから、皆さん知らないままお墓を作ってしまいます。

仮に聞いたとしても、「そんなのは迷信です」とか、「そんな馬鹿な話はありません」と片付けられてしまうけど、そう言っている方たちのほとんどは、自分でいろいろな仏さんとじかに話し、彼らの悩みや苦しみを聞いているわけではありません。知らない人に聞いても、分かるわけがないんです。

不二注＝お墓の話をうかがっている最中、京さんは話の流れで私の実家の墓を霊視した。見てほしいと頼んだわけではないのだが、いつものように瞬時に、しかも何気なく霊視が行われ、墓の様子から墓のある土地まで、今そこにいるのと変わらないリアルさで見通したことを付記しておく。

霊視から見た今どきの弔い方

今どきの「樹木葬」や「散骨」のほか、「生前墓」「生前葬」「墓仕舞い」ついてもお伝えしておきます。

樹木葬　垂れ落ちる水滴が原因で障りが生じる

樹木葬の相談を受けた場合、わたしは賛成しません。いくつか理由がありますが、最も大きな理由は、葬ったところに水滴が垂れてくるからです。

ある方から、「兄の体調がひどく悪くて、病院でも原因が分かりません。車の運転もできなくて寝込んでいるんですが、何かの障りでしょうか？」と相談を受けました。

霊視すると、お墓（樹木葬ではなく普通のお墓です）が出てきて、お墓の上に木の枝が覆いかぶさっています。これだと、雨が降ったら二度墓石が濡れます。そのポタポタという水滴が棹石に触れると、墓を作った人が本当に体調を崩すんです。

理屈で考えると、「そんな馬鹿な」となるのは分かります。雨が降れば、どの墓も濡れるわけですから。

ただし、普通のお墓は雨がやめば自然に乾いていくけれど、霊視したお墓のように枝が覆いかぶさっていると、雨が上がったあとも、葉伝いで水滴がポタポタ棹石に垂れてきます。雨が降らなくても、葉に溜まった露が垂れ落ちます。

この状態が長く続くと、仏さんが感応して、自分の頭上からしょっちゅう水を垂らされているように感じて、すごく嫌がるんです。

これは理屈ではなく、何度も仏さんから聞かされた現実です。われわれが、「理屈が通らないじゃないか」と主張しても、仏さんが「いや、なんとかしてくれ」と訴えてくるなら、対処するしかありません。

無視していると、相談者のお兄さんのようにひどく体調を崩すなどの障りが起こります。

経験上、これは断言できることです。

枝が覆いかぶさって障りが出ているお墓は、枝を切って水滴がお墓の棹石に垂れないようにすれば解決します。ところが樹木葬だと、そうはいきません。そこにお骨がある限り、水滴で頭を打たれ続けることになるからです。

さらに樹木葬では、お骨を筒状の容器に入れて樹木の周りに埋める方式がよく行われています。それらの容器の中には、プラスチック製のものもあり、これだとお骨がいつまでたっても土に還りません。

容器ではなく、袋に入れて納骨する樹木葬もあり、これだとやがて土に還るのでましですが、それでも水滴の問題が残るのは同じです。だからわたしは、「たとえそれが故人の遺志だと言われても、樹木葬はやめたほうがいいですよ」とアドバイスするんです。

散骨　海なら問題ないが仏壇は必要

次に散骨ですが、これは賛成です。お骨を土に還すのも海に流すのも同じことで、自然に還るからです。これは仏さんにとって、とてもよいことです。

ただし、自然に還すのだからといって山や川に散骨するのはよくありません。法律的にも、問題になる可能性がありますし、山の場合は撒いた骨粉が誰かに踏まれる可能性があって、仏さんにとって望ましいことではないんです。

不二注＝山は、水源が近くにあれば飲料水に混じるなどの問題があって散骨ができず、近くに水源がなくても山の所有者や管理者の許可が要る。また、近隣住民の了解も必要になる。川も漁業権や水源の問題とからむため、やはり散骨に適さない。現実問題として、散骨は海、それも沿岸の海ではなく漁場から離れた沖合というのが慣例になっている。

なお、散骨にはひとつ注意点があります。故人の遺志に従って散骨したまではいいが、そのうち仏さんに手を合わせる場所、仏さんに話しかける場所がほしくなってくるということが、結構あるんです。

散骨だから、当然お墓はありません。でもそのうち、なんとなく故人に手を合わせたくなってくることが間々あります。そういう相談も寄せられます。

手を合わせたくてもお墓がない、仏壇もないとなると、「本当に散骨でよかったんだろうか?」という割り切れない思いや後悔が出てきます。これは結構あることです。

ですから、散骨の場合、たとえ故人が無宗教で、「お墓も仏壇も要らない」と言って亡くなったとしても、故人との交流の場になる仏壇はあったほうがいい。仏壇がいやだというなら、位牌だけは作ってください。そうすれば、故人との接点の場ができます。

位牌は、前にお話したように、俗名で作ればいいんです。戒名は要りません。なお、このとき、先祖代々の位牌もあわせて作ることをお勧めします。理由は、仏壇のところで述べたとおりです。

生前墓（寿陵）　安心して死を迎えることができる

生前に自分の墓を作るのは良いことです。自分自身はもちろん、家族も墓地についての心配がいらなくなるので、その点に関してはみなが安心して死を迎えられるからです。

生前墓は、古代中国で行われたのが最初だそうです。生前、墓を作っておくとかえって縁起がよく、長生きするというので「寿陵」と名付けられました。

ただし、公営の墓地では生前墓を認めていないところもあるので、事前に調べておく必要があります。

経済的な理由で墓と仏壇の両方を用意することは難しいという方は、仏壇を優先してください。そのうえで、亡くなられた方には、「いついつまでにお墓を作るので、それまで待っててください」と伝えてください。

生前葬　周りへの感謝を伝えられる有意義な仏事

生きているうちに自分の死後の冥福を祈って仏事を行うことを「生前葬」言います。

今日ではあまり行われませんが、昔はわりとよく行われていたようで、「逆修《ぎゃくしゅ》」とか「予修《よしゅ》」とか呼ばれ、七七日（四十九日）の法要が生前に営まれました。この生前葬も、有りです。

人は亡くなるときは、あっけなく亡くなります。また年齢を重ねていくと、老いや病気をどうしても受け止めなくてはなりません。

たとえば、ガンで余命を告知されたりした方などが、自分で生前葬を行うのは素晴らしいことです。

「生前葬＝感謝葬」と考えてください。まだ動けるうち、意識があるうちに、知人や家族に感謝の気持ちを伝えるのが、今日的な生前葬の意義だとわたしは思います。

また、自分自身も生前葬をするとことで気持ちの整理がつき、安心して安らかに死を迎えることができます。

墓仕舞い　先祖との縁が切れるので極力避ける

墓から遺骨を取り出して墓石を撤去し、墓地そのものを無くすることを「墓仕舞い」と言います。

最近、この墓仕舞いを考える方が増えており、専門の業者もできています。

墓仕舞いには、自分が死んだら墓を守る者がいなくなるとか、墓が遠隔地にあって供養できないとか、子供に迷惑をかけたくないとか、さまざまな理由があるので、一概には言えないですが、できるものなら極力避けていただきたいです。

なぜかというと、墓仕舞いは先祖との縁を切ることに通じるからです。

これは、決して望ましいことではありません。そのわけは、本文のあちこちで書いたとおりです。

忙しくて墓参りができないという理由だけなら、墓仕舞いはしなくても良いと思います。また、墓が遠すぎるというのであれば、近いところに改葬するか、お骨を共同墓地に移して永代供養の手続きをするなどの手を打っていただきたいと思います。

先祖との縁をぷっつりと切ってしまうことは、避けてください。

分骨は基本的に障りが出やすい

お骨は一カ所にすべてまとめて納骨するほうがよく、一部を他家に分ける分骨は、ケースバイケースではありますが、あまりお勧めできません。できれば分骨はしないほうがいいです。

特に、養子に出て他家の人間になった人のお骨を、元の家の人が分骨してもらってくるのは問題で、障りが出ることがあります。

不二注＝その具体例を、安田町々議の黒岩円《まどか》さんが語ってくれた。霊の思いや障りの実情がリアルに伝わってくる話なので、以下に黒岩さんの体験談を掲げておく。

平成二十九年五月に、名古屋に婿養子として出ていた叔父（父の弟）が亡くなりました。養子に出たので姓は変わっていましたが、生前から叔父に「亡くなったら黒岩家にも分骨してもらいたい」とお願いし、叔父の了解も得ていました。

そこで葬儀に参列したあと、奥さんに事情を話してお骨を分けていただき、五月十九日に黒岩家の墓に入れたんです。

ところが七月頃から、にわかに父の体調が崩れ出しました。真夏なのに異様に寒がり、布団をかぶってガタガタ震えている。高知の夏なので寒いわけはなく、実際、びっしょり汗をかいている。にもかかわらず、本人は「寒い寒い」と訴えて布団を手放さない。

医者の診断は「風邪」でしたが、薬はまったく効きません。かえって悪化する一方で、七月の末にはほとんど寝たきりで動けなくなるまでに悪化し、顔色も死人のようになってきました。

さすがにただ事ではないと思い、知り合いのツテを頼って梨岡先生に連絡し、どうにか父も連れ出して、神社で先生に面会しました。八月中旬の、ちょうどお盆の頃です。

父の顔を見たとたん、先生は「久しぶりにすごいのが来たね。お父さんの横に、ガリガリに痩せた人がいますよ」と言って、その姿を詳しく説明してくれました。

そのときの先生の描写を聞いて驚きました。亡くなった叔父さんそのものだったからです。

すぐに分骨の経緯をお話ししました。先生は「それはまずい」と言って黒岩家に来てくださり、仏壇の前で黒岩家のご先祖や亡くなった叔父さんと話をしてくれました。そのとき先生がおっしゃったのは、だいたいこんなことでした。

「黒岩家のご先祖さんたちは全員、弟さん（養子に出た方）がこの家に帰って来るとは思っていないので、弟さんの指定席が黒岩家の仏壇にはないんです。だから弟さんは、『誰も自分に気づいてくれない』と嘆いています。『兄貴、おれはここに帰って来てるよ』と伝えたくて、円さんのお父さんに障っている。

お父さんの体調がおかしくなっているのは、そのせいです。分けていただいたお骨を名古屋に返してください」

こう指摘されたので、わたしはすぐさま名古屋の叔父の家に連絡を入れるとともに、墓に納めた分骨を取り出して、一週間後には返却のために車で名古屋に向かいました。このとき、なんとも不思議なことがありました。

お骨は円い器に納めてしっかり蓋をし、さらに木箱に入れて、移動中に中のお骨が動いたり欠けたりしないよう、隙間に詰め物までしてカバンに入れました。この作業は、私が両親の目の前でやったので、二人とも間違いなく見ています。

ところが先方に行って木箱を開けたら、丸い器の蓋がとれて、箱と器のわずかな隙間に蓋がはまり込んでいるんです。

見た瞬間、思わず叫びそうになり、必死にこらえました。その場に奥さんがいなければ、たぶん叫んでいたと思います。

それだけ衝撃的でした。しっかり詰め物までしたので、蓋が外れるわけは絶対にないんです。

梨岡先生によれば、これは叔父さんが、「自分の居場所は黒岩家ではなく、養子に行った先なのだと納得したことを知らせるために、蓋を開けて骨を見せたもの」だそうです。

名古屋の家には、そちらの親族が集まっていました。分骨を戻すに至った経緯を皆さんに説明してほしいと奥さんから言われたので、分骨後の父の異変から蓋の件まで包み隠さずお話しし、納得していただいて、その日のうちに高知に戻りました。

すると家の外に、迎えに出た父が立っていました。私が名古屋に向かった午前の時点では、父は相変わらずひどく衰弱したままで、顔色も死人のようだったんです。

ところが出迎えに立っている父は、まるで別人でした。驚いたことに、ほんのわずかの間に、すっかり以前の元気な状態の顔に戻っていたんです。

このとき、父が私に不思議なことを言いました。

「おまえの車が出発して坂を下って行くのと同時に、体がスーッと楽になったんだよ」

これを聞いて、ああ、叔父さんは納得して戻ってくれたのだと得心しました。

霊の障りのさまざまなケース

障りとなるいくつかの要因

障りの原因となるものは、主に四つあります。

●第一に、身内の仏さん（霊視では子孫や親族の右肩に現れます）

●第二に、過去の怨念などをひきずって祟っている怨霊や地縛霊など、身内以外の未成仏霊

●第三に、生霊

●第四に、動物霊や木石などの自然霊

わたしの経験から言うと、このうちでも特に多いのは「身内による障り」で、全然関係ない霊が障ってきているというケースは、実際にはあまりありません。

霊障について説明する前に、まずすべての前提としてお伝えしたいことがあります。何か問題が生じているときには必ず原因があるのだから、自分で原因をしっかり突き止める努力をし、問題の根っこから解決していかないとだめだということです。

たとえば病気でも、霊的な問題から起こっているものばかりではなく、肉体的な故障が原因になっているものなど、多種多様です。

わたしは原因を、だいたい四つのパターンで見分けています。

❶生活習慣

❷遺伝・体質

❸心の病気

❹霊障

経験上、九割までは❶から❸のどれかで、❷が最も多い。❹の霊障は、せいぜい一割で、決して多くはないです。それを何でもかんでも霊障だ、障りだという人がいるけれど、そんな馬鹿なことはありません。

特に新興宗教に入れ込んでいる信者さんの中には、教祖や教団の教師が言うことなら何でも無条件に信じ込んでしまう人が多く、「先祖供養が足りない」と言われると、それ以外の可能性には一切目を向けません。まさに洗脳です。

お医者さんに専門分野があるように、霊の問題にも専門があります。病気に強い霊能者もいれば、失せ物が得意な霊能者、憑き物に強い霊能者、占いに勝れた霊能者、念写などの物理現象が得意な霊能者など千差万別で、力の程度も本当にさまざまです。

はったりが利く霊能者はたくさんいますが、わたしの知る限り、すべてに通じたオールマイティの霊能者はいません。お釈迦様やキリストがそうなのかもしれませんが、彼らと同じような力を持つ霊能者をわたしは知りません。

ところが相談者や信者は、自分が惚れ込んだ霊能者や教祖を、勝手にオールマイティだと思い込もうとする顕著な傾向があります。その人の言うことなら何でも正しいと、無判断に受け入れる。自分で努力して原因を探ろうとせず、すべて他人の判断に託してしまう。

その結果、他の分野の専門家に相談したら解決のつく問題が解決せず、返ってこじらせてどんどん迷路に入って行くというケースが、少なくないんです。

たとえば歯が痛いのに、産科の先生のところには行かないでしょう？　頭痛や発熱など風邪の症状があるのに、眼科に行く人もいないでしょう？　まず最初にどこに行けばいいのかを「常識」で判断して、専門の診療科目のある病院に行くはずです。

拝殿で、参拝者にお祓いをする京さん。

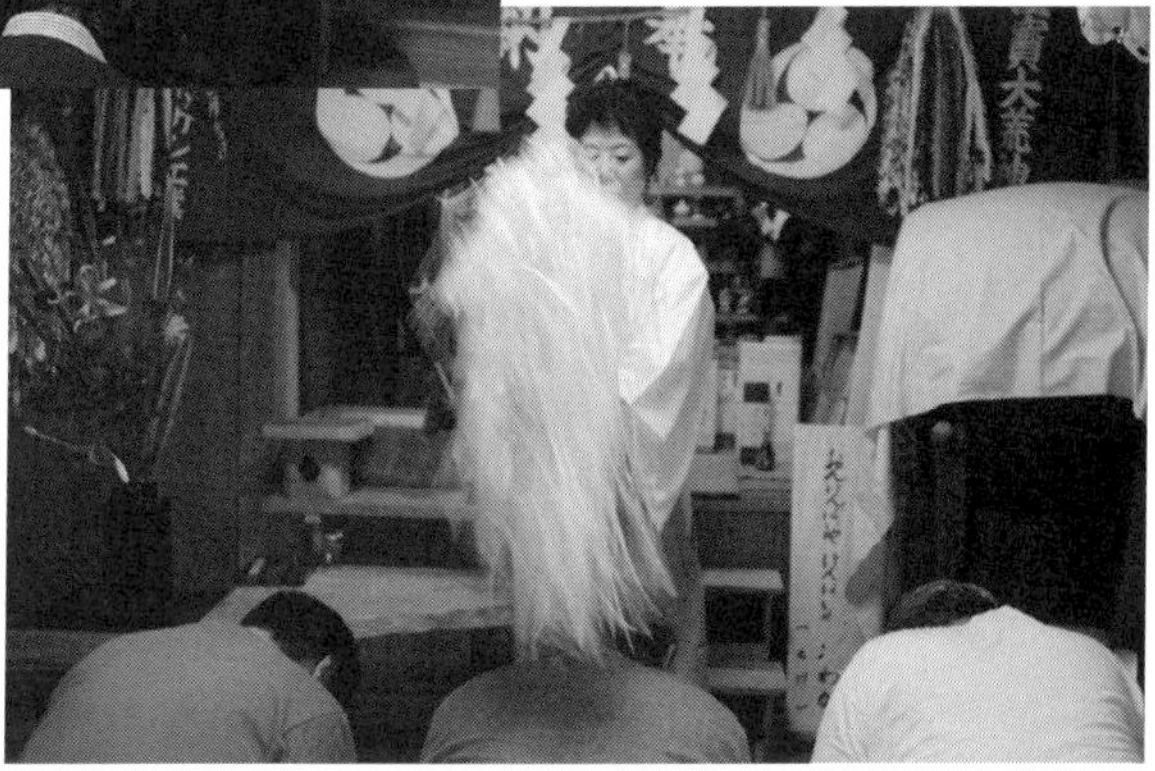

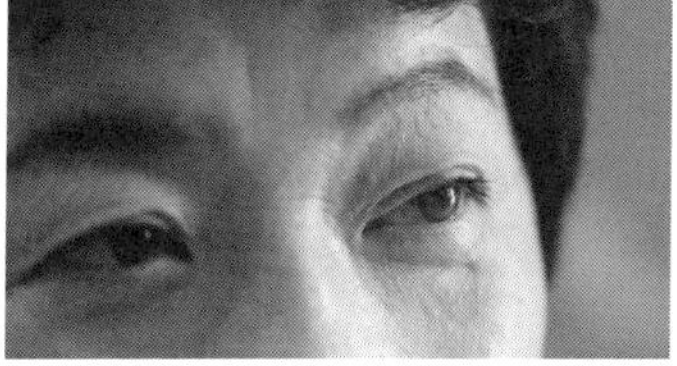

霊視に入るとき、
京さんの目つきが
微妙に変わる。

なのに霊の問題となると、人はとたんに「非常識」になる。歯が痛いのに産科に行ったり、風邪なのに眼科に行くのと同じ過ちをしてしまう人が、たくさんいます。

行った先がまじめなところならラッキーで、「それは自分の専門ではないから」とか、「この問題は自分の手に負えないから、どこそこを尋ねてごらん」とか親切に教えてくれますが、いいかげんなところだと、「過去世の因縁だ」とか、「先祖供養をしていないからだ」とか断言して、相談者を虜にしてしまうのが常です。

そうならないためにも、まず自分で原因を突き止める努力をし、「常識」に基づいて判断するところから始めなければいけません。

障りを受けるのには理由がある

障りを受けると、往々にしてその人は自分が一方的な「被害者」のように思ってしまいがちです。でも、よくよく振り返ってみると、自分の行いや考え方に原因があったと気づくことが、たくさんあります。

特に身内の仏さんによる障りの場合、仏さんは子孫を苦しめようとか、破滅させようと思って障ることはなく、「こういうことを改めてほしい、過ちに気づいてほしい」と言って障りの現象を起していることがほとんどです。そこに気づかない限り、寺社や霊能者などからいくら祓ってもらっても、障りが収まるのはほんの一時で、すぐに再発します。

強制的に祓うというのは、障りを起している仏さんが加害者で、障りを受けている者が被害者だという一方的な考えから行われる誤った対処法です。よくよく原因を考えたら、障りを起している仏さんのほうが被害者で、障りを受けている人のほうが加害者だったというケースが、いくらでもあります。

祓えばいいというものではなく、先祖供養をすれば何でも解決するというものでもありません。本人に「気づき」がない限り、祓っても供養しても、本質的な解決に至ることはないんです。

この「当たり前」のことを、まずしっかり頭に入れたうえで、以下の話を読んでください。

身内による障り、その一

身内による障りは、気づいてほしいこと、訴えたいことがあるときに起こります。

多いのは、訴えの対象になっている人の体調悪化や原因不明の病気などとなって現れるケースで、先にご紹介した黒岩円さんのお父さんがその典型例ですが、訴えの対象者以外でも、「この人に訴えたら対象者に伝わるだろう」という人に障りが出るケースもあります。対象者の配偶者や子ども、孫などに異変が出るケースなどです。

また、わたしのような霊能者に障りを出して、メッセージを伝えてくることもあります。

北海道の池田洋一さん(仮名)のお母さんが、そうでした。このお母さんも、七回忌の間に、生前抱え続けてきた鬱憤を一気に吐き出したんです。

このときは、依頼を受けて供養に行ったとたん、突然わたしがめぼう(ものもらい)になり、目が泣きはらしたように真っ赤になって、それが三日間続きました。この道に入ってから仏さんの障りを受けることはほぼなくなっていたので、「何だ、これは」と思っていたら、亡くなったお母さんが突然霊視に出てきました。

最初は、養老院のベッドの横に座っている姿です。身長百四十五センチくらいの、腰が曲がったとても小柄なおばあさんでした。

そのおばあさんが、ガーゼを手にして、のべつ目ヤニを拭いている。目の調子が相当悪く、わたしのめぼうの原因はこれだとピンときたので、池田さんに「お母さん、目が悪かったね」と言うと、「そうです」と答えました。

そうしたら、次の瞬間、えらい剣幕のお母さんの顔がパッと出てきました。目ヤニだらけの目を剥いて激怒している顔があまりにリアルで、思わずハッとしました。それくらい迫真の顔つきでした。

そこから、お母さんの訴えが機関銃のように連発されたんです。何に激怒しているかというと、お嫁さんに対する怒りです。

「わしは洋一の結婚には反対だった。それを無視してあんなろくでもない嫁をもらって、披露宴もあんなにカネをかけて。案の定、あの嫁はろくに掃除もしないし、わしがこうしてもらいたい、ああしてもらいたいと言っても全然聞いてくれないし。なんであんな嫁をもらったんだ！」

こんな調子で、お母さんが鬱憤をぶちまけるわけです。わたしはお嫁さんのことも披露宴のことも何も知らない。この場にお嫁さんはおらず、池田さんとわたしだけです。

お母さんの言葉を伝えると、池田さんが号泣しました。嫁姑問題では、池田さんは優柔不断のまま、なんとなくやり過ごしてきたと言います。そのため、嫁姑の仲が修復されることもなく、そのままお母さんは施設で亡くなりました。

その後、わたしという仲介者が来たので、ここぞとばかりにわたしに障って、一気に怒りをぶちまけたわけです。

「あんた、金玉ぶらさげてるくせに本当に情けないねえ。今すぐ手を合わせてお母さんに謝りなさい。産んでくれてありがとうって言いなさい。お母さんの命日と誕生日には、自分の手でお母さんが好きだった物をあげて」と池田さんに言いました。

「子どもの頃、あんたが熱出したとき、お母さん、吹雪の中を必死に自転車こいで診療所に連れて行ってくれたでしょ。あんたを育てるのにどれだけ苦労したか、考えてごらん」

「えっ？　なんで知っているんですか？」

「知らないよ。全部お母さんがここで言っているんです。当時の家は、玄関のすぐ脇が物置で、カッパとか色々あったよね。台所は家の奥で、真ん中に廊下があって、両サイドに部屋が分かれていて、子どもの部屋と親の部屋と祭壇があったよね。祭壇は××教の祭壇だったよね」

次々と言葉が出てきました。すべては見えたままの光景です。

「そうです、そうです……」

池田さんは泣きながらうなずきました。彼に、ようやく気づきが訪れたんです。

そこで、お母さんをどのように供養すればよいか教えました。そのことで、お母さんの気持ちも鎮まってくれたんでしょう。わたしのめぼうはすぐに消えました。

身内による障り、その二

身内による障りには、憑依という形をとるものもあります。


わたしが離婚する前のことですが、静岡在住の知人の中村世津子さん（仮名）から、切羽詰まった電話がかかってきました。ほとんどまともな言葉にならず、「息子が、息子が……」とうわごとのように繰り返しているんです。

「これはただごとではない」と思い、とっさに九字を切らせてもらい、相手を落ち着かせたうえで話を聞きました。

彼女によると、息子の明君（仮名）が叔父さんと飲んでいる最中、「突然、おかしくなった」と言うのです。言葉遣いが一変し、それまでにない汚いののしりの言葉を口にしたり、暴言をわめきちらしたり、嘔吐したりで、「人がまるっきり変わってしまった。自分の子とは思えない」と。

仏さんが関わった憑依で、中村家に原因があることはすぐに分かりました。「とりあえず明君を別の家に移して」と言い、静岡まで来てほしいと懇願されたので、分かったと返事をしました。翌月の九月が養豚場の決算で、ものすごく忙しいときだったので、また旦那に怒られるなとは思いましたが、放っておける状態ではありませんでした。

静岡に行く前、世津子さんとメールで連絡を取り合っていたとき、いきなり映像が出てきました。満月の夜で、雨が降っている。そこに、昔の漁師が着ていたごつい黒カッパを上半身だけ着た男性が、わたしをじっと凝視しているんです。「この男性が、異変の原因だな」と思いました。

さらに霊視は続きました。この方が雨の中、馬で材木を引っ張っていたところ、道がひどくぬかるんでいて、材木が動かなくなりました。なんとか動かそうと悪戦苦闘していたところに落石があり、この方は材木の下敷きになって亡くなった——霊視の内容は、だいたいこのようなものでした。

それを彼女に話したところ、そんな事故は知らないと言います。知っていそうな人はいないかと聞くと、「床屋のおじさんなら知っているかもしれない」というので、その方に聞いてもらいました。

すると、「たしかにその事故はあった。昭和の初め頃だ」ということが分かったので、わたしはどうにか時間をやりくりして、静岡に向かったんです。

中村家に行くと、もう仏さん――霊視に出てきた黒カッパの男性が待っていました。当主のおじいさんは、霊だの障りだのといったことが大嫌いな人だったのですが、かわいい孫がおかしくなって困惑していたので、とにかく供養してみてくれということになりました。中村家には、家族や身内の方々が十五、六人ほど集まっていました。

わたしはさっそく仏壇に向かって座り、供養しながら仏さんと話を始めました。「落石事故で亡くなった方ですね？」と聞くと、「そうだ」と答えました。亡くなったのは夏だそうで、霊視したとき、白のタンクトップと黒のズボンに黒いカッパを羽織った姿が見えた理由が分かりました。裸電球がぶらさがった家も見えていて、それが当時の仏さんの家でした。

こうして仏さんとやりとりをしたうえで、集まっていた親族に向かい、「仏さんに自己紹介してください」とお願いしました。当主のおじいさん以下全員が、順に自分はどこそこの誰それと自己紹介していき、それが終わると、仏さんは「分かった」と答えたのですが、そこから、予想外の展開になりました。

彼が突然、「ここはオレとこの家だ」と主張し始めたんです。

仏さんとの会話で初めて分かったのですが、この家はもともとは亡くなった男性の実家で、彼が亡くなったあと、親戚にあたる中村家が引き継いだものでした。仏さんは、そのことを知らずにいたんです。

わたしは、仏さんに事情を説明し、その点に関しては納得してもらいました。ところが話はそれで終わりませんでした。仏さんが、「オレの尺八がない」と言い出したんです。

何のことやらわたしには意味不明ですが、とにかく集まった方々に向かい、「仏さんが、この家に置いてあった自分の尺八がないと言っています。どなたか持っていませんか?」と尋ねました。すると世津子さんの旦那さんが、「オレが持ってます」と答えました。仏さんは「それはオレのものだからダメだ」と言い、返すよう要求したんです。

さらに、「仏壇のところに入れてあったお金がない」とか「数珠がない」とか、いろいろと言い出したので調べると、たしかに、もともとはあったことが次々分かりました。

こんなことは、もちろんわたしは知りません。仏さんを除けば、身内の、しかもごく一部の人しか知らないきわめてプライベートな事実が次々と明るみに出て、最初は「仏の障りなんてあるのか？」と疑っていた人も、納得するほかなくなりました。こういうことは、霊視の現場ではしょっちゅう起こります。

こうしたやりとりのあと、仏さんの言い分をみなさんに伝え、これからどうしなければいけないかという話をさせてもらい、集まった方々でお斎《とき》（法事の食事）をし、供物などを川に流して供養を終えました。仏さんは納得してくれ、明君の障りはあっけなく解消されました。

その後、中村家で、仏さんの身元をきちんと調べたところ、男性の名前や、二十四歳で亡くなったことなど、詳細が分かりました。おじいさんのお父さんの兄弟の子か何かで、おじいさんも彼の存在は知っていたそうです。

事故死のあと、本来ならきちんと法事をしなければならないけれど、太平洋戦争のまっただ中でろくに供養も行うことができず、戦後もそのまま放置されたため、浮かばれずに苦しんでいたんです。

この供養は、明君が憑依状態になったことから始まったわけですが、その背景をきちんと調べることもせずに、霊障だ、障りだと騒いで祓おうとしても、問題は解決しません。

心霊問題は、「霊障だ」「祟りだ」で終わらせてはいけないんです。

何度も言うように、身内の仏さんは訴えたいこと、助けてほしいことがあって現象を起こしています。子孫を苦しめ、祟り殺そうとして出ているのではありません。

だから、まず障りの背景をしっかり解明し、そのうえで仏さんが納得できる道を実践するのが供養ということの本当の意味です。背景にある問題を解明もせず、いきなり「祓う」とか「封じる」とか言っている人たちのやり方を、わたしは認めません。「それ、インチキじゃん」と思います。

この仕事で最も大切なことは、現象の背景を解明すること、しっかりした見立てをすることです。わたしはそれを「検証」と呼んでいます。

もっともらしい嘘や思いつきを言ってその場をとりつくろっても、神様や仏様は全部お見通しです。嘘はすべて自分に還ってきます。

霊能者は、自分が突き詰めた「事実」以外、言ってはいけない。分からないことは、分からないと言えるようでないといけない。そうでないならインチキです。

ある大学教授の女医さんとお酒を飲みながら話をしていたとき、彼女から「それはわたしたちと全く同じね」と言われ、心強く感じました。

その女医さんは、霊的な原因で生じる不調があることを事実として認めています。「ただ、霊障に関しては、自分らは何も分からない。もしそれが分かるようになったら、患者さんへの対応も違ったものになるだろうし、今のように、その人の人生を薬漬けにさせることもなくなるのだろうけど」と、率直に言っていました。

体や心や遺伝のことが分かるお医者さんと、霊のことが分かるわたしたちが組めたらいいのにということは、よく思います。でも、難しいことなんでしょうね。生きている者にとっても、仏さんにとっても、残念なことです。

生霊の障りと解消法

障りで怖いのは、生霊《いきりょう》によるものです。

生きている人の恨みや嫉妬や怒りなどの念が凝り固まって、恨みの対象者に災いをもたらすもので、仏さんの障りとはまったく異なり、根底に「明確な敵意」があります。しかも生霊の障りはけっして珍しくなく、非常に多いから厄介なんです。

わたし自身も、生霊による霊障を体験したことがあります。まだこの道に入る以前のことですが、肩がズキンズキンと病んで、どうにもならなくなったことがあります。病院に行き、整体にも行きました。それでも痛みがおさまらず、起きているときはもちろん、寝ている最中も痛いという状態が、一ヶ月ほど続きました。

当時のわたしはそれが霊障だとは分からず、絶望的な気分でしたが、見るにみかねて力のある行者さんを紹介してくれた方がいて、藁にもすがる思いで訪ねました。

行者さんはわたしを見て、いきなり「おまえ、生霊もらっとるやないか」と言い、生霊がどんなものかを教えてくれました。

「生霊をもらうということはおまえ、身近な人間しかおらんがな。そいつはおまえに恨みや妬みを持っとるわ」

行者さんの言葉で「えっ？」となって、ふと身近にいたある人が思い浮かびました。プライバシーに関わるので、具体的なことは言えませんが、振り返ってみると、たしかにわたしを激しく敵視している女性がいて、嫌がらせの数々を仕掛けていたんです。

「そうか、彼女の恨み妬みが生霊になって憑っているのか」と思ったとたん、本当に不思議なことに、まさに思ったその瞬間から、肩の痛みがスッと消えました。「まさか、あれほど激しかった痛みが……」と、自分でも信じられないほどだったんです。

これでわたしは、生霊というものは、正体が分からないうちは苦しめられるけれど、正体がばれたとたんに障りが解けるのだということを、実体験として理解しました。

不二注＝仏教でも道教でも、障りはそれをもたらしているモノの正体が判れば消えると教えている。仏教や道教の経典に、しつこいくらい魔物の名前と特徴が列挙されているのは、名前が判れば正体が知れ、障りが解消されるという先人の経験に基づく心霊知識が反映されている。修験道や日蓮宗系の日本の呪術宗教が、神霊を名乗って憑ってくる狐狸などの憑霊に対して、まず第一に正体を白状させようとするのも、同じ経験の反映だ。京さんは自身に憑いた生霊の体験から、これを体得した。

以来、この道に入ってさまざまな経験を積ませていただいてきた間にも、生霊を数多く見てきました。それで、生霊を飛ばしている者は身近にいるということや、相手が誰だか判ったら、辛さが解消されるというのは事実だと検証できました。

身近な例で言うと、よくわたしを補佐してくれている鴻里三宝荒神社の熱心な信者さんの奥さんが、生霊に憑かれたことがあります。

◇◇◇◇◇◇◇

普段はそんな時間に電話してくることのない信者さんが、夜遅くに電話をかけてきました。

◇◇◇◇◇◇◇

このとき、わたしは東京に滞在していました。「先生、ちょっとかまいませんか？」と聞くので、「大丈夫よ」と答えると、「家内に替わりますから」と言って奥さんに代わりました。

蚊の泣くような彼女の声を聞いたとたん、「ありゃりゃ、これは」と思い、「ちょっと待って。今から九字切らせてもらうから」と言って、すぐに九字を切りました。

それから、「これは完全に生霊をもらったわね。生霊は身近な人間だから、思い当たる人がいないかよく考えてみて。九字切らしてもらったから、今はこれでとりあえず様子を見て」と言って電話を終え、後日改めて話を聞いたんです。

電話をかけてきたとき、奥さんはにわかに体調が急変してトイレにも行けなくなり、「初めて味わう恐怖感で、死ぬのかと思った」そうです。

でも、九字のあとは楽になって、普通に寝ることができたらしく、「生霊の相手は旦那の妹だと思う」と言っていました。

本当に妹さんが生霊を飛ばしていたのかどうかは、検証しないといけません。そこでいろいろと調べた結果、妹さんで間違いないと検証済みですが、プライバシーにかかわることばかりなので、具体的にお話しすることはできません。

ただし、相手が妹さんだと分かった時点で、問題はほぼ解消しました。さらにわたしのほうでお祓いをし、九字を切るなどして対処して以来、生霊の障りはきれいさっぱり止みました。

身内の仏さんの障りは、ちゃんと供養して納得してもらったら解決しますが、生霊が相手だと、それが誰か突き止められないうちは、毎回毎回、同じ人からずっと恨みの念が飛ばされてきます。一時的に祓うことはできても、じきにまた飛んでくるので、障りがぶり返すんです。

たとえば神社仏閣に行ってお祓いを受けると、そのときは一時的に取れるけれど、帰りの道中、三十分ほどしたらまた来るとか、三日くらいはよかったけれど、その後、またぶり返したとかは、よくあることです。

特にお金儲けで心霊現象を扱っている霊能者や占い師などにとっては、生霊を背負って相談にやってくる人は「格好のカモ」です。

そういうところに通っていて、何度も同じ障りを繰り返している方は、自分がカモにされていないかどうか、一度立ち止まって、よく考えたほうがいいです。

何でもかんでも霊障のせいにしない

それからもうひとつ、どうしても注意しておきたいのは、実際には生霊でも死霊でもないのに、何でも霊のせいにして心身を病んでいる人が多いということです。相談に来る方にも、そういう人はけっこういます。その場合、わたしははっきり、「これは霊障ではなくて体と心の問題だから、病院に行ってください」と言います。

これはデリケートな問題で一概には言えませんが、霊障の相談の中には、遺伝や脳の機能の障害など、体の問題がからんでいるケースが多くあります。

たとえば、ご先祖さんの中に精神的な障害をもっていた方がいて、それが遺伝で出ているということが霊視ではっきり見えているのだけれど、ご家族は遺伝とは思いたくないので、「霊障じゃないですか」と訴えてくる。わたしに「霊障です」と言ってもらいたいんです。でも、気の毒だけれど、事実を伝えるのもわたしの仕事だと思っているので、そういうケースでは、「祓っても治りませんよ」とはっきり言います。

ごく親しくしている精神系の病気の専門家がいますが、この方と話していると、「それは発達障害で僕のほうの仕事だ」とか、「それはあんたの仕事だ」と、はっきり言ってくれます。この先生からも、わたしは多くのことを学ばせていただきました。

生霊は確かに存在しますが、生霊だと思っても、実際は本人の肉体や心の問題だということも結構あります。だから順序としては、まずは、しかるべき病院でちゃんと診断を受けるべきで、そこでもさっぱり原因がつかめず、症状が改善しない場合は、次の段階として、霊がからんでいないか調べてもらうというのが、間違いの少ない対処法だと思います。

「恨みの霊」による障りはそんなに多くない

恨みの念を抱えたまま、浮かばれずにいる霊は、「怨霊」とか「浮遊霊」とか「地縛霊」とか、いろいろな言い方がされています。

けれども一般的には、自分が何もしないのにそういった霊に障られるということはありません。テレビや雑誌などが興味本位でよく報じていますが、彼らが騒ぐほど実例は多くもありません。

たとえば面白半分で廃墟の幽霊屋敷に行くとか、お墓や心霊スポットと言われている場所で肝試しをするとかいった場合は、よくないものをもらってくることがあります。ですが、普通に生きて暮らしている限り、霊のほうから障ってくるということは、まずないです。

とはいえ、恨みの霊そのものは存在していますし、代々ある特定の家に憑《かか》って祟っているケースも実在します。わたしが経験した中で最も恐ろしかったのは、静岡の某家で供養したときの体験です。


その家では代々筋ジストロフィーで亡くなる方が続いていて、当代の方も体調がおかしくなってきました。そこで心霊問題に詳しい陰陽師に見てもらったところ、「これは自分では対応できないから」と言われたそうで、巡りめぐってわたしに依頼がきたんです。

このときは、静岡のお宅で仏壇に向かって手を合わせた瞬間、「うわっ」となりました。いきなり、首斬りの場面が飛び込んできたからです。

「ここの家のご先祖さんに首斬りした方がおられますよね?」と率直に尋ねました。

ぶしつけな質問でしたが、そのものズバリの現場が霊視にありありと映し出されているし、問題の原因を明らかにしないことには、漠然と供養しても意味がないからです。

「やっぱり見えましたか」と依頼主は言い、「首斬り役人がいたんです」と打ち明けてくれました。これで、やはり見えたとおりのことがあったのだと確認できました。

わたしに見えたのは、関所です。遊郭のある宿場が近くにあって、そこに入る前に通過しなければいけない関所がありました。首を斬ったご先祖さんは、その関所のお役人です。

不二注＝現在の湖西市新居町に入るところに、かつて幕府直轄の今切関所があり、東海道三関所のひとつに数えられていた。京さん自身は関所が見えたというだけで、具体的な地名までは明らかでないのだが、彼女が霊視した関所はたぶんこれだと考えられる。

その関所で、三人が首を斬られているんです。一人はお偉いさんの武士、もう一人も武士で、残る一人は頭が四角い感じのお坊さん。それぞれ違う殺され方をしている。

首を刎ねるのに使われていたのは普通の刀ではなく、長くて幅の広い刀です。それを打ち下ろすのだけれど、一回ではスパッとは斬れない。二回、三回とやって斬り落とす。切断面は肉がズタズタになって、とても見るに耐えないものです。

磔《はりつけ》は、地面に穴を掘って処刑される人を縛りつけた柱を埋め、首を刎ねる。磔の柱が、首を刎ねやすいように工夫された形になっているのだけれど、初めて見たものなのでよく分かりません。

とにかく、凄惨の一語です。その様子をリアルに見ながら、これはへたをしたら、自分まで命を取られるんじゃないかという恐怖感が湧いてきました。こんなに怖い霊視は過去に経験はありません。

斬られた首は河原に晒されました。お坊さんの首が、どす黒く赤紫みたいな色になっていて。カラスとかが目玉を突いていて……。

不二注＝処刑シーンに関する京さんの霊視は、一部に歴史資料と合致しないところがある。特に磔刑は、史料では槍で何度も突き刺して最後に喉に止めの槍を突き刺すのが定法なので、刀は用いない。そこで、磔刑に用いた道具は槍ではなかったか尋ねると、京さんは「槍ではなく刀だった」と断言した。また、ギロチン状の道具があり、刀とは違う斬首専用の刃物もあったとも語っているが、その形状を聞くと、どうも西欧の「処刑人の剣」（エクセキューショナーズソード）やギロチン刑の映像が混じって映じていたようにも思われる。霊視の混線か、霊視と記憶の混乱の可能性もあるが、ここでは京さんが語ったままを記しておく。

このときは、わたしが頼んだ手伝いを京都から呼んでいました。いつもより大がかりな供養になることが分かっていたからです。

最初は普通に灯明を点け、供物を上げて、線香をつけました。ところがどういうわけか、線香の煙がボンボンとわたし目がけて突進するような勢いで流れてくる。思わず咳き込み、涙が出たほどで、まるで仏壇の奥から風で吹き送っているような、異様な燃え方なんです。

供養のとき、わたしは扇風機もクーラーも全部止めていただきます。ロウソクの燃え方や線香の燃え方を見たいからで、「部屋の電気関係は全部止めてください」とお願いして始めます。このときもそうです。だから、部屋の中を風が回るはずもない。この吹きつけてくる煙は、苦しんでいる仏さんが送ってきた、「助けてくれ」というメッセージです。
普段の供養では、お経は上げません。でもこのときは、一、二時間ずっとお経を上げさせてもらって、どうにか無事供養を終えることができました。この三人を斬った場所というのが、ちょうどこの家が建っている場所だったんです。

まれではあるけれど、こうした恨みの霊による霊障というものは、たしかにあります。ですから、このケースのように過去からの悪因縁を引いているわけではない方でも、次のような場所で面白半分に肝試しをしたり、土足で踏み荒らしたり、仏さんを汚したりするような行為は、絶対にしてはいけません。

●自殺の名所などと言われている危ない場所
●供養塔など、慰霊がなされている場所
●事故で死者が出ている場所
●墓場など

この世界は、そもそも面白半分で近づいたり、オタクが中途半端な心霊知識でいじってはいけない世界なのだということを、肝に銘じてください。

動物霊が憑くとどうなるか

動物霊というのは、よく言われる狐狸の霊のたぐいで、狐狸といっても自然界にいるキツネやタヌキそのものではなく、キツネやタヌキの姿をとった自然霊の一種です。

これらはいわゆる憑き物となって人間に憑ることがあります。かつてわたしが霊能者に憑いていた〝狸霊の尻尾〟を見たことは、第一部で紹介しましたが、狸霊はタチがよくありません。尻尾が白くなっている古狸はなかなか知恵があって、人を陥れるんです。

古狸に憑かれた人は、傲慢で「オレが一番」という態度になります。その人のもともとのタチが傲慢なので、類が友を呼んで狸霊が寄ってきたとも言えます。

自分は霊能力があるなどと威張っている人や、我の強い独善的なお坊さんの中に、古狸に操られているケースもあり、人生を狂わせられることもありますが、そもそもその人の性分と狸霊の性格が深く結びついているので、本人が心の持ち方や生き方、考え方を改めない限り、なかなか悪影響から抜け出せません。

そうしたケースではなく、それまでは穏やかでごく普通だった人が、突然人格が変わったように傲慢・横柄になったりした場合、憑き物の可能性が出てきます。これは、正体を白状させて諭してやることで、離脱させることができます。

狐霊のほうは、お稲荷さんを信仰している方に憑いているケースを、何度か見させていただいています。そうした場合の狐霊は、稲荷神様の眷属として働いているので、悪さをするわけではありません。

稲荷神の信仰者と話をするときに現れる霊視は、わたしの場合は二通りあって、お稲荷さんの神棚がぱっと見えるときと、本人が狐に見えるときがあります。狐になるといっても、狐の顔になるというのではなく、目だけが瞬間的に狐になります。

稲荷神の眷属の狐霊は、憑いたとしても全然悪いことはないです。それこそ、守護の働きをしてくれます。ただし、熱心に信仰していた方が亡くなって代替わりし、継承者が信仰をやめてしまうと、問題が生じることはあります。

狐霊に限らず、それまでお世話になってきた神仏や眷属をないがしろにするようになったら、咎めや諫めの現象が出るのは当然ということです。

昔からよく言われてきた「狐憑き」というのは、神様の眷属ではなく野狐《やこ》と呼ばれる自然霊に憑かれた状態を言うのでしょうが、わたしは狐憑きを扱ったことはありません。

不二注＝弘法大師が、狐は本州、狸は四国というように棲み分けさせたという伝説があり、四国は狸の憑依はあるが、狐憑きはいないという俗信が長く行われてきた。これはあくまで民話伝説の世界の話と思っていたのだが、京さんは狸憑きの体験は語っても、狐憑きについては白紙なので、あるいは弘法大師伝説に何らかの背景があるのかもしれない。ちなみに京さんは、稲荷神眷属の巨大な八尾の霊狐を伏見稲荷社で見たといい、末富住職は剣山で巨大な七尾の霊狐と会話し、写真にも撮ったと語っている。神の眷属としての霊狐自体は、四国にもいるらしい。

動物の姿で現れる神様からの使い

わたしの体験で言えば、狐狸をはじめ、犬や猫など動物霊の憑依と、それにともなう霊障現象は、めったにありません。これらの障りはごくまれなものだろうと思っています。

ただし、動物の姿をとって現れる神様の眷属は何度も見ています。稲荷神にお仕えしている狐霊のほか、奈良の三輪山に行ったときは、太さが畳一畳分はあろうかという蛇さんが霊視されました。当時は三輪山もその山の神様も何も知らなかったので、その巨大さに思わず息を呑みました。

わたしを三輪山に案内してくれた大阪の女性が、「今、何が見えてます？」と聞くので、

「蛇《みぃ》さん。山全体が蛇《へび》。ここは蛇の神様なんですかね。ものすごいゴッツい力を持ってる。すごいところだわね」と感嘆しました。

この女性が、「実は夢に蛇が出てきて、いろいろ怒られたんです」と言ったとき、わたしの口から「土足で入ったらいかんのに、入ったからや！」と、ぽろっと言葉が出ました。自分の意志ではなく、言わされた言葉です。

「この山は、本来は下から神様を拝まないといけない山なのに、参拝だとかお水を戴くとか言って好き勝手に登っているでしょう。それをやったらダメなのよ。登るということは、蛇さんの体を土足で踏んでいくこと。そんなことをするから、障りをもらう」という諫めの言葉が飛び出したんです。

彼女は神様の障りを受けて体調が悪くなり、いろいろな症状が出ていました。そこで、しばらくは神様にお参りして懺悔するようにとアドバイスしました。

代々祀っている八咫烏が道案内し、お礼を伝えた

「八咫烏《やたがらす》」も見ています。高橋さんという方から家祈祷《やぎとう》を頼まれたんです。

その頃は体調にいまいち自信がなかったので、弟に車の運転を頼んで向かいました。

はじめて伺うお宅で、住所をたよりに向かったのだけれど、途中から道が分からない。すると八咫烏が出てきたんです。道の先のほうに飛んで来ては止まる。止まっては飛び立ち、また現れるという不思議なことがあって、ピンときました。出てくる八咫烏を見ながら、弟に左に行ってとか、こっちに曲がってとか言いながら烏の導きのとおりに進んで行ったら、みごとに高橋さんの家に着きました。

そこで開口一番、「ここ、八咫烏さんをお祀りしてますか？」と尋ねました。「は、見えましたか？」と高橋さんが言うので、「道が分からなくて、八咫烏さんに案内していただきました」と答えると、「それを言われたのは初めてです。実は私のところは八咫烏を代々祀っている家なんです」と。烏が出てきた意味が、これで分かりました。

八咫烏から、「この家は、ちゃんと手を合わせて祀ってくれている。ありがとうとお礼を言ってくれ」と伝えられたので、高橋さんご夫婦にそのまま伝えました。

すると「自分たちがしてきたことに神様がそう言ってくださるのは本当にありがたいし、嬉しい。うちこそずっとお蔭を戴き、ご指導してもらってきました」と、とても喜んでいました。

この話を末富住職にしたら、こう言われました。

「しかしあんた、よく見たな。個人の家で八咫烏を見ることは、まずないよな。そこの家も何代かにわたって祀っているから、ちゃんとそういうふうに見る人が見たら見えるんだよ」と。

住職の言うとおり、八咫烏と関係のある神社でその姿を見たことはありますが、個人のお宅で見たのは、このときが初めてだったんです。

こうした神様の眷属や、三輪山の神様の化身の巳様などは、古狸や野狐などとはまったく違います。正しく接し、敬虔な真心をもって祀っていれば、障りなどを受けることは一切ありません。

もちろん汚すようなことをすれば、咎めがくるのは当然です。ご先祖の仏さんもそうだけれど、眷属神も嘘は絶対に通じません。嘘をついても先方から見るとすべて硝子張りで、透け透けです。

見せかけだけ、口先だけの信仰なら、むしろ接点を持たないほうがいい。敬して遠ざける態度のほうがいいんです。興味本位、面白半分でいじるなどという傲慢なことはしてはいけません。

神域の樹木はうかつに切ってはいけない

長宗我部一党の霊とイチョウの木の因縁についてはすでにお伝えしましたが（第一部73ページ参照）、木にも精霊が宿っています。なので、うかつに切ったために障りがくるということは、現実に起こります。

神社やお寺など、神仏と関わる場所に生えている古木は細心の注意が必要で、切るなら木の精霊にきちんと理由を説明し、伺いを立てて、納得していただかないといけません。ただ、こればかりは木の精霊とやりとりができる人でないと現実的に無理なので、それが分かる人に相談するしかありません。

宮司さんにお願いして、祝詞をあげてお祓いしてもらったら大丈夫と考える方もいますが、ただのパフォーマンスでやっているだけで、木の精霊とは何らコミュニケーションがとれていないケースが現実にあるので、注意が必要です。

なお、民家の庭木は切ってもまったく問題ありません。切ったせいで障るとかいったことはないので、気にせず切ってください。

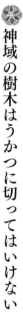

石の障りは顔面神経痛につながる

一般の人に気をつけてもらいたいのは、石です。石というのは結構難しいもので、障る例がたまにあるんです。

以前から石の障りを受けた人の相談を受けていますが、最近も何人かいて、だいたい顔面神経痛を発症しています。霊視をすると、みなさん石に触れている。あくまで経験上の話ですが、石の障りは顔面神経痛とつながっているとわたしは考えています。

たとえば、家族ぐるみで付き合いのあった方から、「息子が突然顔面神経痛になり、病院に行っても原因が分からず困っている」と相談を受けたことがあります。

霊視すると、息子さんが石に触っている姿が見える。それで、「息子さん、石を触ったよね。大きな石に」と尋ねました。「ちょっと待って。聞いてみるき」と彼がその場で息子さんに電話したところ、「今、入っている現場で庭石を扱っている」との返事でした。

息子さんは左官職ですが、建築現場で石を動かしたりもしていたらしいんです。相談者が、「梨ちゃん、まっことさわっちゅう」とびっくりして。その庭石の障りが、息子さんに来ていたんです。

石というのは念が残ります。たとえば、庭に枯山水《かれさんすい》を造るために、あちこち探して気に入った石を見つけ出し、お金をかけて買ってくる。庭師と相談しながら、石をどこに配置しようかとか、縁側に座ったときにどの角度で置いたら一番映えるだろうとか、さまざまに思いを巡らし、庭ができたら今度はその庭を眺めながら、またあれこれ思いを巡らすわけですが、それらいろんな思いが、ポンと石に行くんです。

みなさん、信じないかも知れませんが、そのように〝思いがこもっている石〟を元の場所から動かすと、障りが生じるケースが実際にあります。息子さんが触れた石もそうした石で、元の場所から動かしたことが霊視ではっきり見えました。それで、どうすればよいか、その方法を伝えて、そのとおりにやったら「顔面神経痛が治まった」と連絡がきました。

また、十数年前、ある方から、「妹の旦那が顔面神経痛になりました。でも、仕事が忙しくて休めず、困り切っているんです。どうにかなりませんか?」と相談されたこともあります。

その方の家に行き、初対面の旦那さんの顔を見たとたん、おむすびのような形をした石が、ぱっと見えました。そこで「最近、石を触りませんでしたか?」と尋ねたのですが、

「いえ、まったくないです」と強く否定され、奥さんに聞いても「触ったことはありません」と言うばかり。何度か尋ねても、「ない」と言い切るわけです。

でも、はっきり霊視で見えているので、触っていないわけはない。「よく考えてください。たしかに触ってるから」と話している最中に、旦那さんが石を触ったときの情景がふと見えてきました。

それは室戸に台風が来て、防波堤を越えた波が墓地に流れ込み、墓を全部流したあとの情景です。旦那さんが墓石が散らばっている墓地にいて、自分の家のものではない墓石を、自分の家の墓だと思って抱えて動かしていました。その墓石が、ちょうどおむすびのような形の自然石だったので、最初におむすび形の石が見えたんです。

このことを伝えたら、旦那さんたちはさっそく墓地に行って調べました。すると、たしかに自分の家のものではない墓石を、自分のところに置いていました。それで、元の場所に戻して供養したところ、旦那さんの顔面神経痛が快方に向かったんです。

後日調べたところ、わたしが霊視した情景は平成十六年八月三十日に室戸を襲った台風のときの出来事だと確認できました。この場合は、仏さんの念が墓石にこもっていたんでしょう。信じられないかもしれませんが、すべて現実に起こったことです。

最近も、知り合いの方から「母親が顔面神経痛になったみたいで、体調が悪いのよ。一度見てもらえないかしら」と相談されたので霊視すると、やはり石に触っていました。そこで、一度わたしの神社に来てもらうことにし、「お母さん、石を触っているから、そのことを聞いてみて」と言って、とりあえずその場からお母さんに電話をかけてもらいました。すると「触った」と言います。

その石は、おじいさんが気に入ってどこからか持って来たもので、飾ってながめていました。おじいさんの思いが、石にこもっているわけです。でも、お母さんから見たらただのガラクタで、邪魔だから片付けてしまった。やはり、石を動かしていましたが、それがダメなんです。

石は移動させられることを嫌う

普通に見たら、たわいもない石であっても、移されることをすごく嫌います。ある意味、神様と同じで、神様に鎮座していただいるご神体を、人間の都合で勝手に他の場所に移したら、きつい叱責がきます。場合によっては命にかかわることさえあります。

石それ自体をご神体としている神社もありますが、移す際には、しっかり事情をお話しし、神様の許しをいただき、お祀りをしたうえでなければできません。神様が遷座を認めなければ、そもそも移すことはできないんです。

石は神様ではないけれど、勝手に移されることをすごく嫌うという点では、同じです。墓石もそう。仏さんの思いが宿っている。そうしたことを、一般の方は知りません。そのため知らずに障りを受けているケースがあるんです。

石好きの方は結構いるので、石を手に入れる際の注意点をお伝えします。

◆特に注意してほしいのは、海で石を拾って持ち帰ることです

海にある石には、〝いわくつきのもの〟が混じっています。海にある石が、一番タチが悪いんです。

たとえば、誰かが山中で事故にあい、石で頭を打って亡くなった。あるいは、山中の岩窟にこもって暮らしたり修行をしたりしていて、そこで亡くなった。そうした岩石が、地震や何かで崩れ、長い年月の間に流れ流れて海岸とか海底に来ていることがたまにあり、その石に亡くなった方の記憶や念がこもっていることがあります。

それをきれいだからと持ち帰ったがために、障りを受けるということが現実に起こります。石は記憶を宿すんです。

◆山中できれいな石を見つけて持ち帰ることは、ほぼ心配はいりません

◆神社やお寺で石を拾って持ち帰る方もいますが、神社は大丈夫です

御利益にあやかれることもあります。ただし、一草一木といえども持ち出してはいけない神域もたくさんあるので、そうしたところから勝手に持ち帰るのは、もちろんいけません。

◆お寺で石を拾ってくるのは好ましくありません

お寺は仏さんが集まる場所なので、そこにある石に、どんないわくがあるか分からないからです。

◆古いいわくつきの宝石などは、うかつに手を出してはいけません

宝石などでも、かつてそれを所有していた人の強い執着や思いがこもっているのを知らずに買って、障りを受けるケースがあります。

多くの方は、石なんてただのモノじゃないかと思うでしょうが、最初はただのモノだったとしても、そこに人間の念がこもると、いわば別種の〝生き物〟になります。モノに魂が宿るんです。

人形が知らせたモノに宿る念

これは石に限りません。家でも衣服でも車でも道具でも、同様のことが起こります。状況次第で、魂は万物に宿るんです。

今でも思い出すと鳥肌が立つ体験のひとつに、念がこもった人形があります。

供養を頼まれてある家に伺ったときのこと、階段下の台の上に、ケースに入った市松人形が置かれているのが、ふと目にとまりました。そのとき、何とも言えないものを感じたんです。

わたしは仏壇の前に座り、供養を始めました。そこからは人形の横顔が見えていました。供養を終えたとき、ふと視線を感じて人形を見ました。すると、さっきまではたしかに横顔だったのに、今は人形の顔がまっすぐわたしを見ているんです。

ケースの中の人形の立ち位置が、九十度動いている。しかも入って来たときより、明らかに髪が長くなっています。「うわっ、何これ?」と、ぞっとしました。家にいるのは依頼者の女性とわたしだけで、ほかには誰もいません。だから、誰かが動かすということはありえません。人形自身が動いている。これは、明らかにいわくつきです。

「この市松人形はどうしました？」と聞くと、おばさんが嫁入り道具のひとつとして買ってくれたもので、処分しようかどうか考えているという答えが返ってきました。

この方は七十歳前後の高齢者で、買ってもらったのは、はるか昔です。

「もう要らないので処分も考えているのだけれど、祟りのようなことがあってもイヤだから、とりあえず階段の下の空きスペースに置いているんです」と彼女は言いました。

そこで、「おばさんが、どうしてこんな高価なものをあなたに買ってくれたか、その思い、分かりますか？」と聞きました。「知りません」とにべもなく答えたので、これはちょっと薄情だなと思い、人形に込められた思いをお話ししたんです。

「おばさんは、自分の分まであなたに幸せになってもらいたいという思いを込めて、この人形を買っていますよ。その思いが人形にこもっています。それを邪魔者扱いして、飾る場所がないから仕方なく階段下に置いているというのは、違うんじゃないですか？

人形はそれをわたしに訴えているんです。あなたが元気なうちに、床の間なり、ちゃんとした場所に飾ってあげてください。そして、『おばちゃん、今までごめんね』と言ってあげてください」

実はこの家では、これまでラップ現象などいろいろな異変があったというんです。でも、わたしのアドバイスを受け入れておばさんの霊に謝り、人形の置き場所を変えたところ、異変が収まったと、後日報告がありました。

職人さんが丹精込めて手作りした人形には、このケースのように念がこもることがあります。ですから、よくできた古い人形を買うときには注意が必要なんです。機械で大量生産された人形では、こうしたことは起こりません。

わたし自身も、昔、地元のおひな様の祭りで、割と高価な白無垢を着た日本人形を買ったことがありますが、家に持ち帰ったら、どうにも気分が悪い。眠れない。

それが翌日、翌々日と続いたので、三日目に末富住職のところに持って行って、「この人形、わたしのところでは祀れないから預かってください」と頼みました。住職先生のお寺には、人形がたくさんあるんです。要らなくなって処分に困った人が、お寺で供養してほしいと持って行くんですね。

わたしが買った人形には、「こんな白無垢を着てお嫁に行きたい」という持ち主の思いがこもっていました。白無垢も思いがこもるんです。それに気づかず、ふと買ってしまったわけです。

住職が「わしのところで供養しておく」と引き受けてくださり、その日からピタリと不調が消えました。今なら、わたし自身でお焚き上げするなりして、きちんと供養をしますが、買った当時はそれができなかったんです。

大切な形見の人形や、贈ってくれた人の思いが込められた人形などは、粗末にしてはいけません。自分が生きている間は大切にしてあげて、死んだあと引き受け手がいないのなら、神社でお焚き上げしてもらうなり、お寺で供養してもらってください。

ゴミとして捨てるのは、障りを受ける可能性があります。思いのこもった人形は、基本的にはお焚き上げしてもらったほうがいいんです。

事故物件でも供養されていれば問題ない

家についても、そこで自殺者が出ている、殺人事件があったなどのいわくつきの物件は、障りを受ける可能性があります。家を見に行っただけで体調が悪くなったり、住み始めたら顔に死相が出たりといったケースもあります。

わたしが過去に見に行った家の中には、血糊にまみれている物件もありました。もちろんきれいに内装し直されているので、肉眼では見えません。でも霊視すると、血糊がこびりついて凄いんです。殺人事件があった家で、その殺され方もひどくて。ここで殺された方は、地縛霊になって家に留まっていたんです。

こうしたことは、家そのものの障りではなく、そこで亡くなって浮かばれていない霊の障りです。霊が留まっているために起こるので、きちんと供養なりお祓いなどがなされて、魂がちゃんと上げられているなら、問題ありません。

不動産で「事故物件」というのがあるけれど、あれはある意味、ラッキー物件だとも言えます。きちんと仏さんに成仏してもらっているなら、事故物件は通常の物件より、よい条件で安く手に入りますから。

事故車は買ってはいけない

同じ事故物件でも、事故車は買ってはいけません。事故車は本当に危ない。わたしの経験から言うと、ほぼ一〇〇％事故が起きます。

あと、試乗車も注意が必要で、安くても買わないほうがいい。いろいろな人が試乗して、「欲しい」「買いたい」「でも予算的に難しい」とか、さまざまな思いが染みついています。相談されたら、わたしは「買ってはだめ」とはっきり言います。

最後に言っておきたいこと

いろいろとお伝えしてきましたが、最後に言っておきたいのは、けっして心霊問題に振り回されてはいけないということです。

無視しろということではありません。仏さんへの配慮は忘れてはならないけれど、人間としての常識を見失うほどに振り回されてはいけないということです。

教団の先生に言われた、霊能者に言われた、行者に言われた、占い師に言われたなどといって、やらなくてもいいことをやったり、行かなくてもよいところに行ったり、買わなくてもいいものを買ったり、あちこち引きずり回されている人をよく見かけます。

そうした人たちは、自分を見失って、袋小路に入っています。自分を見失って他の人や霊の操り人形になっているから、いつも「これでいいのだろうか?」「大丈夫だろうか?」

と思い悩みます。自分という確かな軸がないから、いつもどことなく暗く、曇り空のように心が晴れません。

その一方で、神様仏様のことをやっているのだから、自分の行いは間違いであるはずはない、これで正しいのだと自らに言い聞かせ、強引に納得しようとする。それは、自分自身に嘘をつき、自分を騙しているんです。

みなさんには、ご先祖さんの守護がついています。そのご先祖さんが、子孫であるみなさんが自分を見失って、あてもなくうろつき回ることを喜ぶと思いますか？　喜ぶわけがありません。ご先祖さんは、せっかく授かった命なのだから、その命を全うして世の中の役に立つ生き方をしてほしい、足元をしっかり見据えたうえで、明るく楽しく快活に生きてほしいと願っています。

そのためには、まず自分をしっかり持たなければだめです。心の持ち方が何より大切で、そこさえしっかりしていれば、病気や災難など紆余曲折があっても、そのうちよい方向へと必ず導かれていきます。

自分自身が操り人形でいる限り、堂々巡りが果てしなく続きます。同じ落とし穴に、何度でも落ちます。宗教的な修行にのめり込む人もいますが、日常生活以上の修行はないということを知ってください。大変さということでは、宗教の修行より日常生活という修行のほうが、よほど大変なことなんです。

お伝えしてきたご先祖さんの供養は、日々をしっかり生きる生き方のうえに実践されて、初めて意味のあるものになります。助けてもらい、助けさせていただくのが供養です。一方通行のように思われるかも知れませんが、供養は決して一方通行なのではなく、ご先祖さんとの共同作業です。その共同作業を幸せな気持ちで安心してやっていくためには、まずそれぞれがしっかりと生きることが一番大切です。

そのお手伝いをさせていただくのが、わたしに与えられた仕事です。他の方の人生を、わたしがどうこうするのではありません。人生を創っていくのはその人自身であって、最も身近なご先祖さんであっても、できるのはお手伝いまでなのだということを、どうか心に刻んでください。

当たり前のことですが、人は自分一人のために生きているのではなく、仏さんも含めたすべての人々のために生かされているんです。

梨岡京美さんの本の出版への経緯《いきさつ》

ナチュラルスピリット代表　今井博樹

梨岡さんとはある方の紹介で2011年の秋頃、東京の吉祥寺のマンションの一室でセッションを受けたのが最初の出会いだった。
そのときは、何も見えないと言はれてしまった。ヴェールが掛かってゐて見えなくなっているると。他の人はズバズバ見えるのになぜ自分だけ？　と思った。あとでもう一人、見えない人が現れたらしく、その人も出版関係の人のやうだった。最近もテレビ関係の人のもよく見えないようだった。出版やマスコミ関係は無意識に霊能者に対してヴェールを作るらしい。

それはさておき、私のことは見えなくても、梨岡さんのいろいろな方への霊視の話はとても面白く、実証もできてゐて、東京に来られる度に霊視したいろいろな出来事、神棚や仏壇やお墓の話、神社や神様の話などのお話を食事をしながら（飲みながら）聞かせてもらった。どれも具体的であり実証的でもあり興味を持った。

お話がとても面白いので、霊的なこと、仏壇やお墓の本来の祀り方、神社や神様のことを本にして伝えたら読者の方に役に立つのではないかと思い、本を出させていただく件を最初にお会いした頃からお願いしてゐた。そのとき本を出すことのＯＫはいただいたが、当初はまだ霊能者として出始めたばかりで経験をあまり積んでゐないといふこともあり、出版の話はあまり進まなかった。その後、経験も積まれ、自信も持たれるようになったようで、出版の話を本格的に進めることになった。

梨岡さんはいろいろ語れる人ではあるが、文章を書ける人ではないので(直感すぎて、要所要所の切れぎれの文言なので)、どなたか書いていただける方にお願いしないといけないといふことで、探してゐるいろいろな流れの中で梨岡さんから不二龍彦さんにお願いしたいと言はれた。不二さんにお願いしたところ最初は断られてしまったが、梨岡さんに何度かお会いしていただくうちに興味を持っていただくようになり、書いてもよいということになり、本書のご執筆となった。

今回は、梨岡さんの半生と梨岡さんが常々言はれている仏事について、日頃われわれがどう対していったらいいかを具体的に書いていただいた。次の本としては「ご神事編」を書いていただく予定です。神様関係でもいろいろ霊視で見えていて、それを記載予定。乞うご期待を！

いつだったか梨岡さんと弊社の社員の一人と三人で会食をしてゐるときに、その社員が触媒（？）になって突然、私のことが霊視で見えるようになった。また同席してゐない弊社の社員のことも何も言ってゐないのにズバズバ当てられていき、驚いた。それ以降、私のことは普通に霊視で見えるらしい。

おわりに

京さんとは新宿の酒席で初めてお会いした。その席には古神道家で武道家の大宮司朗さんもいて、話の流れの中で大宮さんから京さんの本を書いたらと言われた。大宮さんも京さんとは初対面だったので、彼がなぜそう言ったのかはわからない。そのときは笑って受け流したが、大宮さんのこの何気ないひと言が、なぜか強く印象に残った。

その後、今井社長が間に立って、たびたび京さんとの飲み会をセッティングしてくれ、いろいろな話をとりとめもなく重ねた。そこで聞かされた伊勢神宮や伏見稲荷大社に関する京さんの霊視に興味を覚えたこともあるが、なにより京さんの人柄に信頼感を抱くことができ、大宮さんのひと言も甦ってきて、執筆をお引き受けすることにした。

京さんは、まったく宗教ずれしていない。本文でも書いたとおり、彼女は「白紙」でこの世界に入ってきた。この世界には頭でっかちで盲信性の強い人が集まる顕著な傾向があるが、京さんはそれとは真逆で、とても明るく健全だった。

宗教的な偏向に陥ることなくこの世界に入ることができたのは、生家・婚家ともに熱心な門徒だったこととも関連しているだろう。浄土真宗は結果として京さんを他の諸宗からガードするとともに、反面教師としての役割も担ってくれたのだと思う。
いま、京さんはとても大きな動きの渦中に入っている。今後どんな世界が展開してくるか、想像はつかない。私はわくわくして、次の展開を待っている。

令和三年八月

不二龍彦

◆著者プロフィール

不二龍彦（ふじ たつひこ）

1952年北海道生まれ。宗教・歴史に関する研究と並行して、古神道や陰陽道、密教など東洋霊学の実践に取り組み、東洋占術の叡智を新しい視点から、解釈、統合していく作業をつづけている。

著書は『歴代天皇大全』『正統四柱推命術詳解』『夢占い大事典』（学研プラス）、『予知夢大全』（説話社）、『新・日本神人伝』（太玄社）等多数。

◆プロフィール

梨岡京美（なしおか きょうみ）

1964年7月、池内家の長女として大阪で生まれる。6歳の時に両親が離婚して父方の祖父母に引き取られ、その頃から霊視能力が現れる。県立中芸高校卒業と同時に結婚し、3人の子どもの母となる。舅姑・小姑・小舅に鍛えられ、家業の手伝いに追われるかたわらで、22歳の時には強まる霊能力に苦しむようになり、そのことを相談した霊媒に40歳までは霊能力を封印される。結婚29年目で離婚し、40歳になると霊能力の封印が解け、数々の相談事を霊視や故人と会話することによって解決し、評判が広がる。46歳の時、東京でも活動を開始。52歳で鴻里三寶大荒神社代表になり、再建を担う。

【写真撮影】
島巻繁（カバー写真、口絵裏〈3点〉、P.11、P.17、P.57、P.99、P.111、P.177）

霊視の人　仏事編

●

2021年9月8日　初版発行
2023年9月9日　第3刷発行

著者／不二龍彦

装幀／福田和雄（FUKUDA DESIGN）
編集／湯川真由美

発行者／今井博樹
発行所／株式会社 ナチュラルスピリット
〒101-0051 東京都千代田区神田神保町3-2 高橋ビル2階
TEL 03-6450-5938　FAX 03-6450-5978
info@naturalspirit.co.jp
https://www.naturalspirit.co.jp/

印刷所／モリモト印刷株式会社

ISBN978-4-86451-378-4 C0011